什么是新民主主义革命

（1919—1949）

主　　编　闫　玉

副 主 编　孔德生　王雪军

本册作者　孔德生　庄　岚

中华工商联合出版社

图书在版编目（CIP）数据

什么是新民主主义革命 / 孔德生，庄岚编著. --北京：中华工商联合出版社，2014.4
ISBN 978-7-5158-0915-1

Ⅰ. ①什… Ⅱ. ①孔… ②庄… Ⅲ. ①新民主主义革命－革命史－中国 Ⅳ. ①K260.1

中国版本图书馆 CIP 数据核字（2014）第 061027 号

什么是新民主主义革命

作　者：	孔德生　庄　岚
出品人：	徐　潜
策划编辑：	魏鸿鸣
责任编辑：	徐彩霞
封面设计：	徐　超
责任审读：	郭敬梅
责任印制：	迈致红
出版发行：	中华工商联合出版社有限责任公司
印　　刷：	固安县云鼎印刷有限公司
版　　次：	2014 年 4 月第 1 版
印　　次：	2021 年 10 月第 2 次印刷
开　　本：	155mm×220mm　1/16
字　　数：	84 千字
印　　张：	10
书　　号：	ISBN 978-7-5158-0915-1
定　　价：	38.00 元

服务热线：010－58301130
销售热线：010－58302813
地址邮编：北京市西城区西环广场 A 座
　　　　　　19－20 层，100044
http://www.chgslcbs.cn
E-mail：cicap1202@sina.com（营销中心）
E-mail：gslzbs@sina.com（总编室）

工商联版图书
版权所有　侵权必究

凡本社图书出现印装质量问题，请与印务部联系。
联系电话：010－58302915

目 录 *Contents*

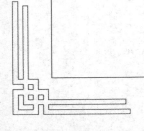

　　1840 年鸦片战争后，中国开始进入半殖民地半封建社会，中国革命随之进入旧民主主义革命时期。其间，农民阶级、地主阶级、资产阶级维新派、资产阶级革命派分别领导了太平天国运动、洋务运动、戊戌变法运动、辛亥革命，但最终全部归于失败，一个革命时代就此落幕。

　　1919 年反帝反封建的五四运动爆发，工人阶级首次登上历史舞台，中国从此进入新民主主义革命时期。特别是 1921 年中国共产党成立后，领导全国人民进行了长达 28 年的革命，终于取得了胜利，建立了新中国。28 年的艰苦奋斗，28 年的光辉历程，开创了中国历史的新纪元。

一、中国共产党的创建

（一）五四运动爆发

　　在十月革命和马克思主义的影响下，1919 年 5

月中国爆发了一场反帝反封建的爱国运动。五四运动是为了反对帝国主义列强在巴黎和会上损害中国主权，反对北京政府的卖国政策而爆发的。五四运动爆发的根本原因，在于帝国主义对中国加紧侵略以及北洋军阀政府对内残酷压迫、对外妥协投降造成民族危机的进一步加深。

五四运动在中国近代史上具有划时代意义。它是一次彻底的反帝反封建的爱国运动。无产阶级开始作为一支独立的政治力量登上历史舞台。标志着中国旧民主主义革命的基本结束和新民主主义革命的伟大开端。使具有初步共产主义思想的知识分子认识到无产阶级力量的强大，促进了马克思主义和中国工人运动的结合。

（二）马克思主义在中国的广泛传播

1. 各种新思潮的涌现

经过五四运动，中国人民特别是青年中的一批先进分子，以救国救民为己任，为社会改造献计献策，他们对新思想不断学习、研究和宣传，进步的刊物和团体不断涌现。大多数刊物都宣称以改造社会为宗旨，有的还提出各种改造中国社会的方案。如北京的《每周评论》《国民》《少年中国》《新社会》，上海的《星期评论》，长沙的《湘江评论》，天津的《觉悟》等都是此时出现的有较大影响的刊物。李大钊等组织了少年中国学会，邓中夏等组织了平民教育讲演团，毛泽东、蔡和森等组织了新民学会，周恩来组织了觉悟社，恽代英组织了利群书社等，这些都是这一时期十分活跃的进步团体。1920 年 3 月，李大钊等在北京大学组织了中国第一个马克思主义研究会。

　　五四运动后，在新思潮大量涌现、诸多学说流派争鸣斗胜的形势下，马克思理论以其特有的科学性吸引了越来越多的进步青年。在学习研究和宣传各种进步思想的过程中，一批知识分子组成了中国第一代马克思主义者队伍。李大钊是中国第一个传播马克思主义并主张向俄国十月革命学习的先进分子。1918 年李大钊发表《法俄革命之比较观》，论述 1917 年俄国十月革命与 1789 年法国资产阶级革命的本质区别。1919 年 10 月、11 月，李大钊分两期在《新青年》上发表《我的马克思主义观》一文，对马克思主义作了比较全面的介绍，不同于以往一些人对马克思主义学说进行的片面的、不确切的表述。这篇文章通过系统介绍马克思主义的唯物史观、政治经济学和科学社会主义的基本原理，使李大钊完成了从民主主义者向马克思主义者的转变，并且标志着马克思主义在中国进入比较系统的传播阶段。李达于 1919 年发表《什么叫社会主义》《社会主义的目的》等文章，1919—1920 年翻译了三部著作《唯物史观解说》《马克思经济学说》和《社会问题总览》，对马克思主义的各个部分作了系统阐述，对国内传播和研究马克思主义起到很大的推动作用。陈独秀发表《谈政治》，主张通过暴力进行无产阶级革命及专政。毛泽东、邓中夏、蔡和森、瞿秋白、周恩来也先后发表文章，宣传马克思主义，一些追随孙中山革命的老同盟会会员董必武、林伯渠、吴玉章也开始转向马克思主义。在学习和宣传马克思主义并深入工人群众的过程中，具有初步共产主义思想的知识分子不断成长，为中国无产阶级政党的创建准备了干部条件。

2. 马克思主义传播过程中的论争

五四运动之后的马克思主义传播成为新文化运动的主流，而马克思主义的广泛传播使新文化运动的营垒开始发生明显的分化，出现了要不要马克思主义、以什么主义改造中国社会的激烈论争。以李大钊、陈独秀等为代表的左翼分子转向了马克思主义，以胡适等为代表的资产阶级右翼分子则站在反对马克思主义的立场上。1919 年 7 月，胡适在《每周评论》第三十一号上发表《多研究些问题，少谈些"主义"》一文，挑起了"问题"与"主义"之争。针对胡适的观点，李大钊于 1919 年 8 月撰写《再论问题与主义》一文进行批驳。继胡适之后，张东荪、梁启超等于 1920 年年底发表了攻击马克思主义、社会主义的文章，挑起了关于社会主义的论战。这场论战是关于社会主义是否适合中国国情的争论，是中国走社会主义道路还是走资本主义道路、中国建立无产阶级政党的条件是否具备的争论。在中国共产党成立前后，马克思主义者围绕着革命的形式、国家的本质等问题对无政府主义者进行了严肃批判，这实际上是一次中国要不要实行无产阶级专政的争论。

三次大论战，解决了先进知识分子中间的四个根本问题：第一，中国必须接受马克思主义；第二，中国革命必须走俄国十月革命的道路；第三，中国必须建立无产阶级专政；第四，中国必须建立无产阶级的政党。这些问题的解决，说明五四运动后马克思主义的广泛传播和中国工人运动已初步结合，为中国共产党的成立奠定了思想基础，同时也在干部上作了准备。

（三）中国共产党的早期组织

五四运动后，马克思主义开始在中国广泛传播。中国工人阶级日渐壮大，并以崭新的姿态登上政治舞台，为中国共产党的诞生奠定了思想基础和阶级基础。一大批初具马克思主义思想的知识分子，投身到工人群众中，开展了大量的组织、宣传工作，使马克思主义同工人运动紧密结合，自此，成立共产党的各项条件均已成熟。此外，来自共产国际的帮助，无疑起到了催化剂的作用，促进和加速了这一进程。

最早酝酿在中国建立共产党的是李大钊和陈独秀。1920 年 1 月，李大钊、陈独秀在北京开始探讨共产党的成立问题。之后，陈独秀在上海，李大钊在北京，他们分别在南北方开始筹划建党工作。1920 年春，俄共远东局经共产国际批准代表维经斯基赴华考察，分别于北京、上海两地会见了李大钊、陈独秀等人，对国内外革命形势交换了意见，以加速中国共产党的建立。1920 年 5 月，陈独秀与李汉俊、李达、俞秀松等人多次就建党问题进行了讨论，进入组织建党时期。

北京的共产党早期组织是在李大钊的直接指导和

筹划下成立的。1920 年 10 月，北京共产主义小组也成立了。参加者有李大钊、邓中夏、何孟雄、罗章龙、张国焘、刘仁静、高君宇等人，李大钊任书记。1920 年秋到 1921 年上半年武汉的共产党早期组织成立，参加者有董必武、陈潭秋、包惠僧等人。长沙的共产党早期组织是在毛泽东的筹划下建立的，毛泽东先后在北京和上海与李大钊和陈独秀直接联系，1920 年 7 月回长沙后，毛泽东成立了文化书社、俄罗斯研究会等团体，并与新民学会的中坚分子讨论建党问题。毛泽东对于蔡和森提出的"必须建立中国共产党"表示赞同，同时通告说陈独秀已在国内组织建党活动。1920 年初冬在毛泽东、何叔衡等人的积极活动下，长沙的共产党早期组织在新民学会的先进分子中秘密诞生，参与者有毛泽东、何叔衡、彭璜等人。谭平山、谭植棠、陈公博等人在广州也成立了共产主义小组，不久，张申府、赵世炎、周恩来在法国，施存统、周佛海在日本也建立了共产主义小组。

（四）党的第一次全国代表大会

1921 年 1 月，中国共产党的创始人之一李大钊著文呼吁创建工人阶级政党。各地共产主义小组经过近一年的酝酿筹备，成立中国共产党的条件已经具备。1921 年 6 月，马林和尼科尔斯基作为共产国际驻中国代表来到上海，帮助筹备党的成立大会。国内各地的党组织和旅日的党组织共派出 13 名代表出席党的第一次全国代表大会。他们是：上海的李达、李汉俊，武汉的董必武、陈潭秋，长沙的毛泽东、何叔衡，济南的王尽美、邓恩铭，北京的张国焘、刘仁静，广州的陈公博，旅日的周佛海，以及由陈独秀指定的代表包惠僧。他们代表 8 个共产主义小组的 53 名党员，与共产国际代表马林和尼科尔斯基一同出席大会。陈独秀、李大钊分别在广东、北京，因无法脱身而缺席会议。

1921 年 7 月 23 日至 31 日，中国共产党第一次全国代表大会在上海秘密召开。由于受到暗探注意和外国巡捕搜查，最后一天的会议改在浙江嘉兴南湖的游船上进行。会议期间各地代表向大会汇报了工作情况，交流了经验。大会讨论了政治形势、党的基本任务、党的组织原则和组织机构等问题。经大会决议，通过了党的纲领，决定设立中央局作为中央的临时领导机构。陈独秀当选为中央局书记，李达、张国焘分别负责宣传、组织工作。

中国共产党作为工人阶级的政党，不仅代表着中国工人阶级的利益，而且代表着中国广大人民和整个中华民族的利益。中国共产党的成立，是近代中国革命史上的里程碑，为中国人民指明了斗争的目标和通向胜利的道路。中国共产党成立是中国历史上开天辟地的大事，自从有了中国共产党，中国革命的面貌就焕然一新了。

（五）建党初期的革命活动

1. 民主革命纲领的正式提出

1922 年 7 月 16 日至 23 日，中国共产党第二次全国代表大会在上海举行。出席大会的代表有陈独秀、李达、张国焘、杨明斋、罗章龙、王尽美、许白昊、蔡和森、谭平山、李震瀛、施存统等 12 人，代表着全党 195 名党员。此前出席远东各国共产党及民族革命团体第一次代表大会的中国共产党的部分代表回国后，也参加了这次党的代表大会，传达了列宁关于民族和殖民地问题的理论。这一理论直接而具体地帮助了中国共产党对民主革命纲领的制定。

中共二大的中心任务是讨论和制定党的民主革命

MA LIE ZHU YI CHANG SHI GONG MIN DU BEN

纲领。二大宣言初步阐明了现阶段中国革命的性质、对象、动力和前途，制定了党的最低纲领和最高纲领。二大提出的革命纲领，既坚持中国无产阶级政党为实现共产主义而奋斗的最高理想，又第一次明确提出党在现阶段的行动方针和革命任务，即进行反帝反封建的民族革命。大会最后依据《中国共产党章程》的规定，选举陈独秀、张国焘、蔡和森、高君宇、邓中夏组成中央执行委员会，陈独秀为中央执行委员会委员长，蔡和森、张国焘分别负责党的宣传、组织工作。

中共二大在中国近现代史上第一次明确提出了彻底的反帝反封建的民主革命纲领，即中国必须分民主革命和社会主义革命两步走的重大问题。这是中国共产党运用马列主义的基本理论解决中国革命实际问题的最初成果。中共二大标志着党的创建任务已经完成，会后为贯彻民主革命纲领、建立民主联合战线，中共中央相继派李大钊、陈独秀同孙中山等国民党领导人会晤，商谈国共合作事宜。

2. 第一次中国工人运动高潮

中国共产党成立后，从中央到地方的各级组织都以主要精力从事工人运动。1921年8月，成立了中国劳动组合书记部。出版《劳动周刊》《工人周刊》，举办工人学校，组织产业工会，不断在工人中和整个社会上扩大政治影响。

1922 年 1 月 12 日，香港的中国海员工人不堪忍受英帝国主义的压迫，要求提高工资，遭到拒绝。香港海员在中华海员工会的苏兆征、林伟民等领导下，开始举行大罢工，这是中国工人阶级第一次直接同帝国主义势力进行的有组织的较量。在中国共产党的领导下，香港海员大罢工取得了胜利。

1922 年 9 月，安源路矿 1.7 万工人为了获得政治权利，增加工资，在毛泽东、李立三、刘少奇等组织、发动和领导下，举行了声势浩大的罢工斗争。路矿当局被迫接受工人提出的全部条件，罢工取得了胜利。1922 年 10 月，开滦煤矿将近 5 万工人提出增加工资、改善待遇并要求承认工人俱乐部等，在中国劳动组合书记部特派员彭礼和等的指挥下进行罢工斗争。由于事前准备不足，罢工后又遇严酷镇压，罢工工人只得到提高工资的结果。虽然开滦煤矿大罢工并没有达到预期目的，但它是继香港海员罢工后大规模反对帝国主义的工人斗争，在全国产生了非常大的影响。

以 1922 年 1 月的香港海员罢工为起点，工人运动蓬勃发展，罢工斗争此起彼伏，形成了中国工人运动的第一次高潮，京汉铁路大罢工将第一次工人运动高潮推到了顶峰。

1923 年 2 月 1 日，京汉铁路总工会筹备会决定成立总工会，该计划遭到吴佩孚的禁止。当日，工会代表强行突破军警阻拦，如期召开成立大会。会后，反动军警占领并捣毁了总工会会所。当晚，总工会决定举行全路总罢工。2 月 4 日，京汉铁路全线瘫痪。党领导这次罢工的主要负责人为张国焘、项英、罗章龙、林育南等。罢工使帝国主义和军阀极为恐慌，他们勾结起来准备采取血腥镇压的手段扑灭罢工。2 月 7 日，吴佩孚在帝国主义的支持下，调动军警在铁路沿线血腥镇压罢工斗争，京汉铁路总工会江岸分会委员长林祥谦、湖北省工团联合会法律顾问施洋等 50 多人被杀，全路工人 300 多人受伤，40 多人被捕，1000 多人被开除而流亡。这就是震惊全国的"二七惨案"。随后，全国工人运动暂时转入了低潮。

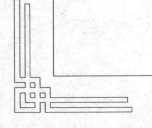

二、大革命运动

　　1924 年至 1927 年 7 月，是国共合作的大革命时期，中国爆发了一场轰轰烈烈的反对帝国主义、封建主义的革命运动。这场大革命不是偶然发生的，它是帝国主义势力和北洋军阀加紧压迫中国人民，全国人民共同抵御列强侵略、军阀压迫的结果。"二七惨案"发生后，中国共产党积极推动、组织国共统一战线的建立和发展，为大革命的到来作了必要的准备。在国共两党的共同努力下，革命的新局面迅速形成。

（一）第一次国共合作

1. 中共三大

中国民主革命面临反帝反封建两大任务。在为争取民族独立和民主权利的斗争中，共产党同资产阶级民主派建立联合战线，是马克思主义的一条基本原则。中国共产党与中国国民党合作的统一战线政策的制定，经过了较长时间的酝酿，这一过程中，得到了共产国际的支持和帮助。

中国共产党多次与孙中山商讨国共两党合作问题，推动两党合作的实现，孙中山也在辛亥革命后极为困难的环境中始终坚持民主主义立场。但是几经挫折后，孙中山认识到中国革命更需要改弦更张，于是开始重视建立与中国共产党的合作关系。1922 年 8 月，中国共产党在杭州西湖召开的特别会议上基本确立了国共合作的方针政策。

1923 年 6 月 12 日至 20 日，中国共产党在广州举行了第三次全国代表大会。出席大会的有陈独秀、李大钊、毛泽东、蔡和森、瞿秋白、张太雷、张国焘等

30 多人，代表全党 420 名党员。共产国际代表马林也出席了大会。陈独秀代表第二届中央执行委员会作报告。这次大会的中心议题是讨论中国共产党加入国民党的问题，以实现国共合作。与会代表分为两派，就共产党是否全体加入国民党、是否在工人阶级中发展国民党组织的问题展开激烈的争论。大会最后决定，在坚持党在政治上、组织上的独立性的前提下，全体共产党员以个人名义加入国民党，以建立各民主阶级的革命统一战线。

大会通过了《关于国民运动及国民党问题的决议案》，明确指出，中国共产党现阶段的革命任务，是帮助中国的资产阶级完成反帝反封建的民主革命，建立统一战线。大会还通过了关于劳动问题、农民问题、青年问题、妇女问题等的决议。大会选举陈独秀、蔡和森、李大钊、谭平山、王荷波、毛泽东、朱少连、项英、罗章龙为中央执行委员会委员，邓培、张连光、徐梅坤、李汉俊、邓中夏为候补委员，组成新的中央执行委员会。由陈独秀、蔡和森、毛泽东、罗章龙、谭平山组成中央局，陈独秀为委员长，毛泽东为秘书，罗章龙为会计，负责中央日常工作。

中共三大确定国共两党建立联合战线，使革命统一战线得以迅速建立，有利于共产党更广泛地组织各阶级，加速反帝反封建的革命斗争；同时也有利于国共两党共同促进，推动国民党的革新。但由于共产党对当时中国革命基本问题的认识不够深刻，加上陈独秀等人的影响，大会对工人阶级的力量及其在民主革命中的领导作用估计不足，不仅没有提出无产阶级领导权问题，而且认为国民党应处于"国民革命之领袖地位"。大会对农民土地问题和建立革命军队问题也缺乏足够的重视。

2. 国民革命联合战线建立

中共三大以后，各级组织贯彻大会决议，教育党员解除加入国民党的疑虑，同时积极推动孙中山、廖仲恺等改组国民党。为实现国共合作、建立革命统一战线，中国共产党贯彻"三大"的精神，号召全体党员积极进行国民运动，加快国共合作的进行。1924年1月20日至30日，在中国共产党的帮助下，孙中山在广州主持召开了中国国民党第一次全国代表大会。

大会审议并通过了《中国国民党第一次全国代表大会宣言》草案。《宣言》首先分析了辛亥革命以后的中国社会状况，明确提出实行三民主义，中国的出路是进行国民革命。其次，《宣言》接受了共产党提出的反帝反封建主张，重新解释了三民主义。新三民主义的政纲同中国共产党的民主革命纲领在基本原则方面是一致的，因而成为国共合作的共同纲领。国民党一大事实上确立了联俄、联共、扶助农工的三大政策。大会通过《中国国民党章程》，确认了共产党员以个人身份加入国民党的原则。大会最后选举产生了中国国民党中央执行委员会。共产党员李大钊、谭平山、于树德、毛泽东、林祖涵、瞿秋白、张国焘、于方舟、韩麟符、沈定一当选为中央执行委员会委员或候补委员，约占委员总数的四分之一；谭平山、林伯渠分别担任国民党中央组织部部长和农民部部长。会后，各省市的国民党党部也以共产党员和国民党左派为骨干进行了改建。这样，国民党就由资产阶级和民族资产阶级性质的政党开始转变为工人、农民、城市小资产阶级和民族资产阶级为主的民主革命联盟，成为革命统一战线的组织形式。

中国国民党第一次全国代表大会的召开，标志着国民党改组的完成和第一次国共合作的正式形成。这就为革命运动的恢复和发展创造了条件，成为新的革命高潮的起点。

3. 开创反帝反封建革命的新局面

革命统一战线正式建立以后，大多数共产党员和青年团员加入了国民党。经过国共两党的共同努力，国民党的队伍迅速扩大。以广州为中心，革命力量迅速聚集，从国共两党扩大到工人、农民、士兵、青年学生和中小商人，反对帝国主义和封建军阀的革命新局面开始形成。

（1）黄埔军校建立

革命统一战线建立以后，为了巩固广东革命根据地，讨伐北洋军阀，迫切需要建立革命武装。在中国共产党和苏联的帮助下，国民党于 1924 年 5 月在广州附近的黄埔创办了中国国民党陆军军官学校（简称黄埔军校）。孙中山兼军校总理，蒋介石任校长，廖仲恺为党代表。黄埔军校是世界四大军事名校之一，于本部共办七期，毕业生后来大多成为国共两党高级将领。黄埔军校是一所区别于以往一切旧式军校的革命的、新型的军事学校，为革命培养了大批军事、政治工作干部。

（2）群众运动蓬勃发展

革命统一战线的建立为中共公开组织和领导工农运动创造了有利条件。在工人运动方面，中共广东区委积极领导广东地区的工人斗争。1924 年 7 月，爆发了广州沙面工人的政治大罢工，抗议英法当局颁布的不准中国人自由出入租界的"新警律"。同时，农民运动以广东为中心得到初步发展。国民党中央设立了农民部，共产党员林伯渠任部长，彭湃任秘书。广东的东江、北江和西江等地的农民，在斗争中不仅建立了农民协会组织，而且建立了农民自卫武装，与土豪劣绅展开了针锋相对的斗争。为培养农民运动骨干，国民党中央执行委员会决定在广州开办农民运动讲习所，由彭湃、阮啸仙、谭植棠、毛泽东等共产党人主持，为各地培养了大批农民运动骨干。中共中央重视学生运动的开展。在党、团组织的共同指导下，学生运动、妇女运动也有所发展。

4. 中共四大

为总结国共合作以来的经验，促进全国革命高涨，1925 年 1 月 11 日至 22 日，中国共产党在上海举行了第四次全国代表大会。出席大会的有陈独秀、蔡和森、瞿秋白、谭平山、周恩来、彭述之、张太雷等 20 人，代表党员 994 人，共产国际代表维经斯基也参加了大会。这次大会对党在当时要解决的一些基本问题做了阐述和回答，总结了一年来国共合作的经验教训，肯定了中央扩大会议对党内右倾错误的批评。对中国革命的一些基本问题进行了比较系统的探讨，在党的历史上第一次明确提出无产阶级在民主革命中的领导权和工农联盟的重要性。大会还总结了和国民党建立统一战线的经验，确定了党同国民党关系的新政策，基本方针是：打击右派，争取中派，扩大左派。大会修改了党章，选举产生了新的中央执行委员会。中央执行委员会选举陈独秀、张国焘、彭述之、蔡和森、瞿秋白组成中央局，推举陈独秀为总书记。

党的四大以后，以工农为主体的革命群众运动进一步发展。无产阶级领导权问题及工农联盟问题，表明中国共产党对中国革命基本问题的认识向前迈进了一大步。大会为迎接大革命高潮的到来作了思想上和组织上的准备。但是大会并没有对无产阶级领导权以及同资产阶级争取领导权的问题进行进一步讨论。这对后来革命运动的发展产生了不利影响。

（二）大革命高潮兴起

1. 全国掀起反帝风暴

1925 年五卅运动的爆发震惊中外，标志着大革命高潮的到来。中共四大以后，由于加强了对工人运动的领导，工人阶级反对帝国主义的斗争迅速发展起来，工人运动开始兴起高潮。1925 年 2 月起，全国各地的罢工斗争此起彼伏。四五月间，帝国主义开始对罢工工人展开报复，声言"用关厂来饿死中国工人"。同年 5 月 14 日，上海日本纱厂工人举行罢工，抗议日本资本家无故开除中国工人。15 日傍晚，五六百人照常上夜班，与资本家在工厂门口对峙，日本资本家指示打手枪杀中国工人、共产党员顾正红，打伤多人。这一暴行激起上海工人、学生和广大市民的极大愤怒。5 月 30 日上午，上海各校学生 2000 人在上海公共租界各主要街道散发传单，发表演讲，声援工人斗争，被逮捕 100 多人。数千名愤怒的群众聚集在巡捕房前，要求释放被捕学生，英国巡捕竟开枪镇压，当场打死群众 16 人，重伤十余人，造成"五卅惨案"。当天深夜，中共中央再次举行紧急会议，决定由瞿秋白、蔡和森、李立三、刘少奇和刘华等组成行动委员会，具体领导这次斗争，组织全上海民众罢工、罢市、罢课，抗议帝国主义屠杀中国人民，形成了中国历史上空前的革命大风暴。北京、天津、武汉、南京、长沙、南昌等许多城市也积极响应上海人民的反帝斗争，先后举行集会游行、罢工、罢课和罢市，掀起了声势浩大的全国反帝斗争高潮。

2. 广东革命根据地的统一

五卅运动蓬勃发展的有利形势，促进了广东革命根据地的统一和巩固。为了利用有利的革命形势，消灭广州周围的军阀武装和市内的反动势力，1925 年 2 月，广东革命政府举行了东征，讨伐陈炯明。3 月，

SHENG ME SHI XIN MIN ZHU ZHU YI GE MING

东征军打垮了陈炯明的助理，占领了海丰、潮州、汕头、梅县等地。6月，在外追击陈炯明残部的东征军回师平定了在广州的滇系军阀杨希闵和桂系军阀刘震寰发动的武装叛乱。7月1日，广州大元帅府正式改组为中华民国国民政府。汪精卫任国民政府主席，又将所辖各系军队统一改编为国民革命军。

1925年10月，国民革命军举行第二次东征。蒋介石任东征军总指挥，周恩来任总政治部主任兼第一军党代表。在共产党和工农群众的援助下，东征军迅速歼灭了陈炯明残部，接着又取得了南征消灭军阀邓本殷的胜利。至此，广东革命根据地得到了统一和巩固，从而为举行北伐战争奠定了基础。

3. 党对中国革命基本问题的初步探索

在中国革命发展到高潮时期，社会各阶级的政治态度都趋于明显。但革命斗争的发展与国共合作的实践，特别是统一战线内部的分化和在领导权问题上的激烈斗争，把中国革命的一系列理论和策略问题尖锐地提了出来。在积累丰富的革命经验的同时，中国共产党的领导人也开始思考在复杂的革命斗争中出现的新问题，对中国革命的性质、对象、动力、领导权和前途等问题进行深刻的思考与探索，从而把党对基本问题的认识提高到一个新的水平。

在探索新民主主义革命基本理论的过程中，毛泽东的贡献尤为突出。他在1925年12月发表的《中国社会各阶级的分析》一文中，运用马克思主义的阶级分析方法，科学分析了中国社会各阶级的经济地位和政治态度，对中国一系列重要问题发表了独到精辟的见解：第一，明确指出无产阶级在中国革命中的地位和作用。中国工业无产阶级人数虽然不多，却是新的生产力的代表者。党的四大前，共产党人已在不同程度上对无产阶级领导权问题进行了探讨。四大明确提出了无产阶级在民主革命中的领导权问题，五卅运动中，中国工人阶级又一次充分显示了自己的力量。无产阶级的特点是"集中"和"经济地位低下"，所以他们特别能战斗。第二，指出小资产阶级和半无产阶级是无产阶级最接近的朋友。小资产阶级的经济地位决定他们平时对革命态度不尽相同，但在革命高潮时可以参加或者附和革命，是无产阶级可靠的同盟军。半无产阶级中，"绝大部分半自耕农民和贫农是农村中一个数量极大的群众，所谓农民问题，主要是他们的问题"。1925年5月全国第二次劳动大会通过了《工农联合的决议案》，把引导农民参加民主革命，与农民建立巩固的联盟，作为民主革命胜利的保证。五卅运动后期，由于民族资产阶级动摇、妥协而使工人阶级陷于孤立的深刻教训，更证明农民斗争的奋起是国民革命成功所必不可少的条件，他们长期受帝国主义和封建主义的残酷剥削和压迫，也具有强烈的革命要求，是无产阶级最可靠的同盟军。第三，划分了中国资产阶级的两个部分，即买办资产阶级和民族资产阶级。文章着重分析了民族资产阶级在革命中的两面性。"他们对于中国革命具有矛盾的态度"，既"需要革命"，又"怀疑革命"。"其右翼可能是我们的敌人，其左翼可能是我们的朋友——但我们要时常提防他们，不要让他们打扰了我们的阵线"。第四，论述了中国革命的主要对象和前途。地主阶级和买办阶级是帝国主义的附庸，代表中国最落后最反动的生产关系，是极端的反革命派，是革命的死敌。中国革命的前途不是建立资产阶级专政的共和国，而是实现社会主义。

毛泽东这篇文章以及同时期发表的《国民党右派分离的原因及其对于革命前途的影响》和《国民革命与农民运动》等文章，集中反映了当时党内的正确主张，初步提出了新民主主义革命的基本思想：团结无产阶级、小资产阶级，争取民族资产阶级左翼，建立各革命阶级的联合统治，反对在中国建立一个阶级统治的国家。这是马克思主义与中国革命实践相结合的一个重大进步，成为中国共产党新民主主义革命理论的萌芽。

（三）革命力量的重大发展

1. 蒋介石的阴谋活动

1925 年末，国民党党内高层发生人事变动，蒋介石一举跻身权力中心。北伐战争前夕，他为了利用北伐战争来扩大自己的势力、建立个人独裁，策划了一系列限制共产党、限制苏联顾问、夺取领导权的阴谋活动。1926 年，蒋介石指使孙文主义学会分子到处散布"共产党要暴动，推翻国民政府、组织工农政府"的谣言。3 月 20 日，蒋介石在广州实行紧急戒严，逮捕李之龙，监视和软禁大批共产党人，解除省港罢工委员会的工人纠察队武装，包围苏联领事馆，监视苏联顾问。这就是"中山舰事件"。

"中山舰事件"引起黄埔军校中部分进步学生的愤慨。毛泽东、周恩来等提议对蒋介石采取强硬态度，中共广东区委负责人也主张给蒋介石以回击。但是在广州的布勃诺夫使团不同意反击，鲍罗廷在事件发生后不主张对蒋介石采取强硬措施而采取和解政策。陈独秀受布勃诺夫使团态度的影响，没有看清蒋介石的阴谋，没有看透事件的本质，采取了妥协政策。中共中央接受蒋介石的无理要求，被迫撤出第一军中的共产党员，同时中共中央也没有接受毛泽东、周恩来把这批力量派到其他军的建议。蒋介石通过"中山舰事件"，打击了共产党，打击了汪精卫和国民党左派，大大加强了他在政治上、军事上的地位。国共关系也开始发生逆转。

之后，蒋介石的阴谋计划继续实施，他开始策划将共产党人从国民党的领导机构中排挤出去，全面控制国民党的党权。5 月 15 日，他提出《整理党务案》。主要内容是：共产党员在国民党高级党部任执行委员会的人数不得超过该党部全体执行委员会的三分之一；共产党员不能担任国民党中央各部部长；加入国民党的共产党员名单必须全部交出，等等。鲍罗廷在没有同中共中央协商的情况下，对蒋介石采取妥协政策，同意了他的无理要求。于是，任国民党中央部长和代理部长的共产党员谭平山、林祖涵、毛泽东被迫辞职，蒋介石当上了国民党中央常务委员会主席和国民革命军总司令。蒋介石权力迅速膨胀，一手控制了国民党、国民政府和国民革命军的大权。

2. 准备北伐

对于国民革命军的北伐，在华的苏联顾问和中国共产党人是积极支持的。1926年2月21日至24日，中共中央在北京召开特别会议。会议指出，在中国革命的生死关头，必须集中力量来抵御帝国主义的攻击，前提是广州国民政府进行北伐。会议认为，农民是工人阶级可靠的同盟军，要发展农民运动，以农民运动为基础。同时会议还强调，除在广东省内要做好军事准备外，还要在北伐的路线所经之地做好民众特别是农民组织的接应，要将农民运动同革命战争、夺取政权结合起来。

北伐军出征后，中国共产党于7月12日至18日在共产国际远东局直接指导下，举行了第四届中央执行委员会第二次扩大会议，来制定对国民党及蒋介石和资产阶级的方针。会议承认了民族资产阶级在民族运动中的作用，也提出了资产阶级的妥协性，但对资产阶级在革命中的作用估计偏高。会议把蒋介石列为新右派，幻想他向左转。会议提出对国民党的策略是："扩大左派与左派密切的联合，和他们共同的应付中派，而公开的反攻右派。"但是会议没有看到蒋介石已经发展成同共产党争夺领导权的更危险的对手。会议通过的《军事运动决议案》是中共中央第一次正式作出的关于军事问题的决议，并且再次强调农民运动的必要性。这次会议对发动工农配合北伐战争起到了积极作用，但是没有对国民党新右派力量增长有所警惕并作出对策。

3. 北伐战争的胜利进军

（1）两湖战场

1926 年 7 月 9 日，北伐战争正式开始。北伐战争的目的是推翻帝国主义支持的北洋军阀政府的反动统治，实现中华民族的独立、自由、民主和统一。

当时，北洋军阀势力主要有三支：奉系张作霖，拥兵 30 多万，控制着东北三省、热河、察哈尔和北京、天津地区；直系吴佩孚，有军队 20 万，控制着湖南、湖北、河南三省及直隶的保定一带；直系孙传芳，有兵力 20 万人左右，占据江苏、浙江、安徽、江西、福建五省。北洋军阀虽然在总兵力上有很大优势，但是其统治已尽失人心，内部又在权利分配上存在着严重纷争。这为北伐战争提供了可以利用矛盾、各个击破的机会。由于吴佩孚在两湖只有 10 余万兵力，并且张作霖与孙传芳都保持中立态度，所以北伐军首先集中力量在湖南、湖北战场打击吴佩孚所部。

为推动革命形势的发展、准备北伐战争，中国共产党对广东国民政府北伐进行了推动、督促和响应。1926 年，中国共产党就提出要准备北伐、从速出师北伐。1926 年 5 月 20 日，国民革命军第四军叶挺独立团，作为北伐先遣部队首先进入湖南，援助被直系军阀击败而拥护国民政府的唐生智，揭开了北伐战争的序幕。7月4日，国民党发表《国民革命军北伐宣言》。7月9日，国民革命军誓师北伐。

北伐军由蒋介石任总司令，李济深为总参谋长，邓演达为总政治部主任。第一军至第八军的军长分别为何应钦、谭延闿、朱培德、李济深、李福林、程潜、李宗仁、唐生智。第二、三、四、六军党代表兼政治部主任分别为共产党员李富春、朱克靖、廖乾吾、林伯渠。由于国民革命军有8个军10万人，兵力不敌北洋军阀，因此采取加伦将军的军事策略，根据敌众我寡和军阀内部矛盾的状况采取集中优势兵力、各个击破的战略方针。首先把兵力集中于两湖战场，消灭吴佩孚；同时分出两支部队警戒江西、福建之敌，然后集中兵力出兵东南各省，消灭孙传芳，最后待机消灭张作霖，统一全国。北伐军根据这一方针，分三路向北挺进。8月中旬，北伐军继续北进，19日占领平江，22日占领岳州，随即进入湖北。西路战场由第四、七、八军组成，约5万人，以第四军为主力，以两湖为战场，首先向吴佩孚发动进攻。吴佩孚看到北伐军直捣武汉之势，紧急调派军队，并在地形险要的汀泗桥一线布防。8月26日，国民革命军第四、第七军向汀泗桥发起总攻。战斗异常激烈，北伐军在8月27日攻下汀泗桥，打开通往武汉的南大门,取得了两湖战役的决定性胜利。9 月上旬,第八军攻占汉口、汉阳。10 月 10 日,第四、第八军占领武昌。至此,吴佩孚主力基本被歼灭,两湖战场宣告胜利。叶挺独立团英勇善战,不怕牺牲,为第四军赢得了"铁军"称号。

(2)赣闽浙苏战场

国民革命军出师北伐短短三个月就击败了吴佩孚,攻占了湖南湖北,孙传芳感到不能再持中立态度。1926 年年底,他突然派重兵从江西向湖南及湖北的北伐军侧翼进攻,企图切断北伐军的后路,并解武昌之围。随着战局变化,北伐军第二、三、六军和第一军第一师于 9 月初开辟了江西战场,9 月 19 日占领南昌。但是由于蒋介石的嫡系第一军第一师不听从命令,北伐军战斗力受到很大削弱,南昌城得而复失。10 月中旬,北伐军再次攻打南昌,又遭受重大损失,被迫撤围。此时,蒋介石不得不接受中共中央和加伦的建议,改变作战计划,将第四军和第七军调到江西,使北伐军实力大增,11 月上旬相继占领南昌、九江,这才完全扭转了江西战局。东路的北伐军第一军第三师和第十四师,留驻粤闽边界,北伐开始时对孙传芳在福建的部队取守势。10 月,这两个师经激战,占领永定、松口。由于北伐胜利大势的影响,孙传芳在福建的部队纷纷倒戈。12 月下旬,北伐军不战而攻下福州。至此，孙传芳的势力遭到重大打击。

　　北伐战争是在国共两党共同领导下举行的一次大规模的反帝反封建的革命战争。两党虽然在此过程中存在矛盾，但是基本是团结的，能够共同对敌。北伐将士英勇作战，不畏牺牲，为北伐的胜利贡献了自己的生命与热血。同时，广大群众的大力支持、中国共产党在北伐军中的政治工作、共产党员和青年团员的先锋模范作用以及共产国际的正确指导和苏联的大力援助，都为北伐战争的迅速胜利贡献了力量。

4．工农革命运动的空前高涨

（1）中央对农民问题的重视

　　北伐战争的胜利进军推动了工农运动的迅猛发展，湘、鄂、赣三省表现得尤为明显，各地工会会员人数激增，工会组织迅速增加。到 1926 年 12 月，全国工会会员由北伐前的 100 万人增加到近 200 万人。1926 年 12 月 1 日，湖南全省总工会正式更名。1927 年 2 月，湖南省有工会组织 533 个，会员达到 32 万余人。1926 年 10 月 10 日，湖北省全省总工会在汉口成立，到 1927 年春，全省共计成立工会约 500 个，会员达四五十万人。不久，江西省总工会也正式成立。三省工人还建立了工人武装纠察队。长沙、武

SHENG ME SHI XIN MIN ZHU ZHU YI GE MING

汉、九江等城市相继出现大规模罢工，工人提出增加工资、减少工时、改善劳动条件等要求。这些斗争，大多数取得了胜利。在北伐军占领的地区，农民运动得到更大规模的发展。1926 年 11 月，毛泽东担任中共中央农民运动委员会书记，决定以湖南、湖北、江西、河南为重点开展农民运动。到 11 月底，湖南会员达 107 万人。到 1927 年 1 月，会员增加到 200 万人。湖北、江西农民运动也有很大发展。1926 年 11 月，湖北会员人数达到 20 万人，江西农协会在 11 月达到 5 万人。在三省农民运动如火如荼发展的同时，其他各省的农民运动也得到了发展。

毛泽东对农民运动非常重视。1926 年 9 月，毛泽东发表了《国民革命与农民运动》一文，集中反映了他对农民问题研究的最新成果，展示了他对农民在国民革命中的地位和作用的深刻认识。1927 年 1 月 4 日至 2 月 5 日，毛泽东到湘潭、湘乡、衡山、醴陵、长沙进行实地考察，历时 32 天撰写了《湖南农民运动考察报告》一文，提出了"推翻地主武装，建立农民武装"的重要思想，开始有了用农民武装推动新民主主义革命发展的思路。

1927 年 3 月 30 日，湖南、湖北、江西、河南四省农民代表举行联席会议，选举毛泽东、谭平山、彭湃、方志敏和邓演达等 13 人组成中华全国农民协会临时执行委员会。这个委员会对发展各地农民组织、扩大农民武装、建立农村革命政权和解决土地问题等，作了具体部署。4 月 4 日，国民党中央农民运动讲习所在武昌开学，为全国培养了约 800 名农民骨干。

（2）上海工人三次武装起义

在北伐战争胜利之时，上海工人运动重新高涨起来。1926 年秋至 1927 年春，中共中央和上海区委发动和组织上海工人，连续举行了三次武装起义。

中国共产党总结前两次武装起义失败的教训，决定发动第三次武装起义。1927 年 2 月 23 日，中共中央和中共江浙区召开联席会议，决定成立由陈独秀、周恩来、罗亦农等组成的特别委员会来领导起义，周恩来任总指挥。3 月 21 日 12 时，上海总工会发布了总同盟罢工的命令，人数达 80 万人，随即转为武装起义。起义工人依靠自己的力量，使用劣质的武器装备，在南市、虹口、浦东、吴淞、沪东、沪西、闸北等 7 个区同时向敌人发动进攻。经过 30 个小时的战斗，上海工人阶级以鲜血和生命的代价占领了上海，第三次武装起义成功。3 月 22 日，上海工商学各界举行市民代表会议，宣布上海特别市临时政府成立，其中有罗亦农等共产党员和共青团员 10 人。上海临时政府虽然只存在了 24 天，但它是在党的领导下最早由民众在大城市建立的革命政权。

上海工人第三次武装起义是北伐战争时期工人运动发展的高潮，为中国开展城市武装起义起了先锋作用。上海工人用自己的实践证明：工人阶级是最革命的阶级，能够领导其他阶级完成革命使命。

（四）大革命的失败

1. 大革命的局部失败

北伐战争前夕，蒋介石已经将党政军大权集于一身，开始与帝国主义、封建军阀勾结，明目张胆地实施反共计划。1927 年年初，蒋介石开始大规模镇压工农运动，打击革命力量，制造一系列反共暴行。1927 年 3 月 26 日，蒋介石一到上海就与帝国主义、买办资产阶级紧密勾结。4 月初，蒋介石召集江浙财阀代表、青红帮的头目以及国民党新军阀代表，密谋屠杀共产党及革命群众的计划，上海大资产阶级和民族资产阶级也表示支持。在这样的紧急时刻，陈独秀非但没有组织革命力量作出应付突然事变的准备，反而一味妥协退让，对蒋介石的阴谋活动毫无防范。

4月12日凌晨，大批青帮武装分子冒充工人，从租界冲出，向分驻上海总工会等处的工人纠察队发动突然袭击。当工人群众奋起抵抗时，国民党第26军周凤歧声称调节"工人内讧"，解除了上海2000多名纠察队的全部武装。纠察队仓促应变，死伤300余人。驻上海的帝国主义军队也纷纷出动，疯狂屠杀共产党人和革命群众。这就是震惊中外的"四一二反革命政变"。紧接着，"清党"行动开始，北京的奉系军阀张作霖也奉命逮捕大批共产党员和其他革命者。大批共产党员和工农群众被杀，其中包括李大钊、陈延年、赵世炎、萧楚女、熊雄等。"四一二政变"后，蒋介石于4月18日在南京建立了国民政府，开始了国民党新军阀的统治时期。"四一二政变"和南京国民政府的建立，标志着国共合作的大革命在局部地区遭到失败。

2. 武汉政局

"四一二政变"以后，以蒋介石为首的国民党右派从民族资产阶级右翼转变为大地主、大资产阶级的代表。蒋介石的叛变革命，激起了全国人民的极大愤怒。共产党联合国民党左派发动了声势浩大的反蒋运动。4月17日，武汉国民党中央及国民政府发表讨蒋声明，开除蒋介石党籍，免去其所兼各职，按反革命罪条例惩处，并通缉捉拿，随后各地开展了大规模的讨蒋运动。由于中国共产党人和国民党左派的努力，武汉地区的革命运动仍处在高潮中，但是处于被反革命包围的危险之中。周恩来提出了要采取坚决措施挽救革命的主张和迅速出师东征讨蒋的计划，但是中共中央拒绝了周恩来等人的正确意见，决定同武汉方面的国民党一道继续进行北伐，即第二次北伐。1927年4月19日，武汉政府在武昌再次誓师北伐，但第二次北伐损失惨重。拒绝深入土地革命和东征讨蒋的正确主张，这是一个重大失策，使危急的局势更加严重。

1927年4月27日至5月9日，中国共产党在武汉召开了第五次全国代表大会。陈独秀、瞿秋白、蔡和森、李维汉、毛泽东、张国焘、李立三等82人出席了大会。共产国际派代表罗易、鲍罗廷、维经斯基等人参加。此次大会的主要议题是，根据共产国际执行委员会第七次扩大会议关于中国问题的决议案，讨论和确定党在紧急时期的任务。大会强调了无产阶级领导权，批评了陈独秀忽视同资产阶级争夺领导权的右倾错误。大会通过了《政治形势与党的任务议决案》《对于土地问题议决案》，强调了土地革命的重大意义，认为解决农民的土地问题是当前革命的主要任务。当时中共中央在土地问题上采取妥协迁就的态度，使党的五大通过的土地问题决议成了一纸空文。此时，最紧迫的问题是组织和发展党直接领导的革命军队。但大会并没有认真讨论军事问题，更没有在这方面制定有力的措施。

大会选出了由 31 名正式委员和 14 名候补委员组成的党的中央委员会。随后举行的五届一中全会选举陈独秀、蔡和森、李维汉、瞿秋白、张国焘、谭平山、李立三、周恩来为中央政治局委员，苏兆征、张太雷等为候补委员；选举陈独秀、张国焘、蔡和森为中央政治局常务委员会委员，陈独秀为总书记。

由于当时全党对陈独秀的右倾机会主义还缺乏统一深刻的认识，因此这次代表大会没有在党面临生死存亡的时刻为党指明出路，导致局势继续恶化。大会虽然提出了争取无产阶级对革命的领导权、建立革命民主政权和实行民主革命的一些正确原则，但却没有提出具体有效的对策。经过此次会议，一批对陈独秀的右倾错误有所认识、有所抵制的同志如周恩来、任弼时等，被选进了新的中央委员会，这为后来纠正陈独秀的右倾错误，提供了组织上的准备。

3．大革命的最终失败

（1）革命危机的加剧

中共五大以后，武汉地区反动势力日益猖獗，汪精卫集团反革命面目日渐暴露。1927年5月初开始，各地土豪劣绅发动武装暴乱，破坏农会，残杀农会领导人。5月17日，国民革命军第十四独立师师长夏斗寅在宜昌发动叛乱，进攻武汉。时任武昌卫戍司令的叶挺根据中共中央和国民政府的命令，在工农武装的配合下将其击溃。5月21日，反动军官许克祥在长沙发动"马日事变"，捕杀共产党员和革命群众100多人。事变发生后，中共湖南临时省委决定动员全省农军进攻长沙，给许克祥以有力打击。但在中共中央和平解决方针的影响下，有些人害怕攻城会破坏国共合作，又中途改变计划，下令撤退。许克祥等反革命分子趁机在长沙附近20多个县实行大屠杀，先后杀害共产党员和革命群众达一万多人。

在中国革命的危机时刻，共产国际在5月间给中共中央发来紧急指示，要求发动农民，进行土地革命；改组国民党机构，充实工农领袖；动员两万共产党员，加上湖南、湖北的五万革命工农，组建自己可靠的军队；成立以著名国民党人为首的革命军事法庭，惩办反动军官等。这就是"五月指示"。这一指示指出了克服革命危机的关键所在，理论上是有积极意义的。但是，陈独秀和共产国际代表都不予支持。当时，党内许多领导人提出了要武装反击国民党，揭露汪精卫的反革命面目。毛泽东曾召集湖南的同志开会，提出上山下湖、武装保卫革命的主张。蔡和森也给中央写信，建议作军事计划，以防万一。但是这些正确主张都没有被中央采纳，反而受到压制。五月紧急指示最终没有得到贯彻执行。

（2）大革命失败及其经验教训

马日事变后，武汉地区以汪精卫为首的反动势力十分猖獗。1927 年 6 月 10 日至 12 日，汪精卫、唐生智等同冯玉祥在郑州举行会议，密谋反共。6 月 19 日，冯玉祥与蒋介石在郑州达成反共协议。会后，冯玉祥电促汪精卫等人"速决大计"，实现"宁汉合作"和"清党反共"。6 月 29 日，反动军官何键在汪精卫授意下公开宣布反共，拘捕和屠杀共产党人，解散武汉总工会，控制汉口、汉阳。唐生智也从河南率部队到武汉，又到长沙，逮捕和屠杀共产党人。7 月 15 日，汪精卫不顾宋庆龄等人的反对，悍然举行"分共"会议，决定同共产党决裂，彻底背叛了孙中山制定的国共合作政策和反帝反封建纲领。接着，汪精卫又在"宁可枉杀一千，不可使一人漏网"的口号下，对共产党人和革命群众展开大逮捕、大屠杀。至此，由国共两党合作发动的大革命宣告失败。

中国共产党参与领导的大革命为中国革命的历史写下了浓墨重彩的一笔。大革命是一场以工农群众为主体，包括民族资产阶级和上层小资产阶级在前期都曾经积极参加的人民革命运动。大革命充分显示了党的先进性，并空前提高了中国共产党在全国人民中的政治威望，显示了中国共产党卓越的领导力量。但是大革命最终失败了，究其原因是多方面的：一方面，国际帝国主义和国内封建买办势力等相互勾结形成的巨大反动力量远远超过了革命力量；另一方面，同盟者国民党内的反动集团背叛了革命。同时该时期的中国共产党还是一个年幼的党，来不及也不可能从容地做好各种准备，不能制定一套完整的切合中国实际的路线、方针、政策。陈独秀右倾投降主义于大革命后期在党中央领导机构中占据了统治地位，放弃了革命的领导权，尤其是放弃了对武装力量的领导权，使党在大革命的危急时刻完全处于被动地位。

大革命的失败表明，党的领导、统一战线、武装斗争，是中国革命的基本问题。只有正确认识和解决了这些问题，才能推动革命事业的发展，并取得最后的成功。尽管大革命失败了，但是中国革命前进的步伐仍在继续。中国共产党会不断在革命实践中总结教训，积累经验，并在革命的艰苦历程中走上新的征程。

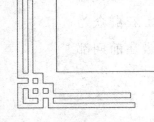

三、土地革命

（一）武装反抗国民党的斗争方针

1. 大革命失败后的中国政局

（1）国民党政权在全国统治的建立

1927 年大革命失败后，国民党反动派在帝国主义和大地主、大资产阶级的支持下，开始建立新军阀的独裁统治政权，中国共产党所领导的人民革命斗争进入最艰苦的年代。这就是土地革命战争时期。

当时，桂系和粤系军阀主要在广西、广东；已参加国民党的晋系军阀阎锡山仍然割据山西；冯玉祥占据陕西、河南；张作霖则控制着东北和华北地区，依附于他的张宗昌盘踞在山东，继续与国民党政权相对抗。

各派军阀割据一方，互相勾心斗角，争权夺利，矛盾重重。其斗争的焦点是国民党中央统治权问题，这突出表现在宁汉的对立上。蒋介石为了稳定自己的统治地位，以退为进，8月13日，通电辞职，宣布"下野"。随后阎锡山、冯玉祥、李宗仁等为了自己的利益纷纷拥蒋复职。1928年1月，蒋介石重新上台。2月，他主持召开国民党二届四中全会，改组了国民政府和国民党中央党部，从此窃取了国民党中央政治委员会和中央军事委员会主席的职务，独揽国民党的军政大权。

1928年4月，国民党军队继续进行"北伐"，夺取奉系军阀所占据的地盘。张作霖在6月弃守北京，乘火车退往山海关外，于6月4日晨在沈阳附近的皇姑屯被日军炸死。面对家仇国恨，在美国驻华大使的斡旋下，张作霖之子张学良冲破日本阻挠，在12月29日宣布"改旗易帜"，服从国民政府。至此，国民党新军阀政权便获得了形式上的"统一"。

国民党南京政府成立后，对内实行了一整套旨在维护地主阶级、买办资产阶级利益的政策。在经济方面，南京政府采取了一系列举措，形成和发展了新的官僚资本。在政治方面，国民党在残酷镇压共产党人和革命群众的同时，还强化国家机器，建立起维护和加强其统治的政治制度。

总之，国民党政权是代表地主阶级和买办资产阶级利益的反动政权。它对外投降帝国主义，对内实行独裁统治。它没有也不可能使中国独立地发展资本主义，只能使中国继续处在半殖民地半封建社会的境地。

（2）革命形势转入低潮

大革命失败后，革命力量遭到极大摧残，中国共产党组织被迫转入地下。党的优秀干部如汪寿华、陈延年、赵世炎、夏明翰、罗亦农、向警予等惨遭杀害。据党的第六次全国代表大会时的不完全统计，从1927年3月到1928年上半年，被杀害的共产党员和革命群众达到31万多人，其中共产党员2.6万多人。一些在革命高潮时入党的不坚定分子，有的自动退党，有的出卖党的组织和同志，成了可耻的叛徒。据1927年11月的统计，共产党员由大革命高潮时期的近6万人急剧减少到1万多人，工会会员由300万人减少到3万人。民族资产阶级退出革命阵营附和了大资产阶级，上层小资产阶级也因动摇而脱离革命。

2. 各地武装起义

(1) 南昌起义

大革命失败给中国共产党带来深刻的教训，中国共产党人认识到枪杆子里面出政权，决心以武装革命去反对武装的反革命。1927 年 7 月 24 日，受中央指派，周恩来前往南昌，组织驻扎在南昌的叶挺、贺龙两部，发动武装起义。参加起义的武装力量有贺龙领导的国民革命军第二十军，叶挺领导的第十一军第二十四师，朱德领导的第三军军官教导团和南昌公安局的一个保安队等，共 2 万余人。贺龙为总指挥，叶挺为前敌总指挥，刘伯承为参谋长，具体部署起义计划。

8 月 1 日凌晨 2 时，南昌起义开始。按照中共前委的作战计划，经过 4 个小时的激烈战斗，起义军全歼守敌 3000 余人，占领南昌城。聂荣臻、周士第在南昌附近的马回岭将第二十五师的大部分部队也拉出来参加起义，于 8 月 2 日赶到南昌。南昌起义打响了武装反抗国民党反动派的第一枪，标志着中国共产党创建军队、独立领导中国革命的开始。

(2) 八七会议

为了纠正党在大革命后期的严重错误，决定新的路线和政策，1927 年 8 月 7 日，中共中央在汉口召开紧急会议，即八七会议。出席会议的有部分中央委员、候补中央委员、中央监察委员，还有中央军委、共青团中央、中央秘书处、湖南湖北的代表和负责人。瞿秋白、李维汉主持了会议。共产国际代表罗米那兹也参加了大会。

由于形势紧迫，会议只召开了一天。共产国际代表罗米那兹作《关于党的过去错误及新的路线》的报告和结论，传达共产国际关于进行土地革命、建立苏维埃政权的新政策。随后，瞿秋白代表中央委员会作将来工作方针的报告。毛泽东、邓中夏、蔡和森、任弼时等先后发言，尖锐地批判了中央在处理国民党问题、农民土地问题、武装斗争问题等方面的右倾错误。毛泽东在发言中提出了两个非常重要的问题，认为党"以后要非常注意军事，须知政权是枪杆子里面取得的"。这个论断实际上提出了以军事斗争作为党的工作重心的问题。关于农民土地问题，他提出对于大中地主、小地主以及自耕农中的富农、中农要采取不同的措施。这一建议符合当时的革命情况，但是共产国际并没有采纳毛泽东的正确意见、

会议总结了大革命失败的教训，着重批评了大革命后期以陈独秀为首的中央所犯的右倾机会主义错误。会议确定以土地革命和武装反抗国民党反动派的屠杀政策为党在新时期的总方针，并把发动农民举行

秋收起义作为党在当时的最主要任务。会议选举了中共中央临时政治局。苏兆征、向忠发、瞿秋白、罗亦农、顾顺章、王荷波、李维汉、彭湃、任弼时被选为委员；邓中夏、周恩来、毛泽东、彭公达、张太雷、张国焘、李立三被选为候补委员。会后，临时中央政治局选举瞿秋白、李维汉、苏兆征为政治局常委，由瞿秋白主持工作。

（3）秋收起义

八七会议后，毛泽东以中央特派员的身份同彭公达回到湖南。1927年8月18日和30日，改组后的湖南省委先后召开会议，根据八七会议精神讨论和制订秋收起义计划。湖南省委决定成立以毛泽东为书记的前敌委员会，负责领导秋收起义。

毛泽东指出：湖南秋收暴动必须有一个军事的帮助，单纯依靠农民力量是不够的，我们党现在应该以百分之六十的精力注意以前忽视的军事运动，实现在枪杆上夺取政权，建设政权。由于国民党的叛变，会议决定必须用共产党的名义来号召，并宣传和建设工农政权。会议提出将湖南省划分为三大区同时举行暴动：以长沙为中心发动湘中暴动，以衡阳为中心发动湘南暴动，以常德为中心发动湘西暴动，共七个县镇起义，然后夺取全省的胜利。会后，毛泽东到江西安源，向当地党组织的负责人传达八七会议精神，以及湖南省委改组情况和起义计划。

9月9日，秋收起义开始发动。11日，起义军攻打长沙失利。14日，毛泽东决定改变攻打长沙的计划。19日，各路起义军退至浏阳县文家市镇，毛泽东召开前委会议，认为当时敌强我弱，应该放弃攻打大城市，转到敌人统治力量薄弱的农村。会议经过激烈讨论，采纳了毛泽东的意见，起义军向南转移。29日，部队到达江西永新县的三湾村，进行了具有历史意义的三湾改编。三湾改编主要原因为：一是工农革命军损失严重，二是旧军队习气严重，三是悲观情绪弥漫。毛泽东将原来的三个团改编成一个团，称中国工农革命军第一军第一师第一团，建立了党的各级组织，连以上设党代表，营、团建立党委，在连以上建立各级士兵委员会，实行民主制度，在政治上官兵平等，建立新型的官兵关系。三湾改编从组织上确立了党对军队的领导，为建立新型的人民军队奠定了基础。

南下途中，毛泽东决定部队到敌人统治力量薄弱的农村山区，向湘赣边界的罗霄山脉中段进军。10月初红军到达江西宁冈县古城，前委召开扩大会议，主要讨论在井冈山建立革命根据地问题。会议决定通过地方党组织争取当地袁文才、王佐两支武装。毛泽东于10月6日开始领导部队在井冈山周围开展游击活动，打击反动地方武装，深入发动群众，重建了地方党组织，建立工农民主政权。1927 年 11 月下旬，革命队伍攻占了茶陵，湘赣边界第一个红色政权——茶陵县工农兵政府成立。部队召开会议，毛泽东在总结茶陵战斗经验时，提出了工农革命军的三大任务：第一，打仗消灭敌人；第二，打土豪筹款子；第三，做群众工作，帮助群众建立革命政权。还提出工农革命军的三大纪律：第一，行动听指挥；第二，不拿工人农民一点东西；第三，打土豪要归公。

湘赣边界秋收起义，在开始时虽然也以攻占大城市为目标，但在遭到挫折后，毛泽东适时地率领部队走上一条在农村建立革命根据地，以保存和发展革命力量的正确道路。这条道路，代表了 1927 年大革命失败后中国革命发展的方向。

（4）广州起义

继南昌、湘赣边界等地起义之后，中国共产党又发动和领导了广州起义。1927 年 11 月，粤、桂军阀之间为争夺地盘爆发战争。驻守广州的粤系军阀张发奎所部仅有教导团、警卫团与一些警察，力量空虚。中共广东省委根据党中央的指示，于 11 月 28 日作出在广州发动武装起义的决定，成立指挥起义的革命军事委员会。省委书记张太雷为委员长，立即加紧起义的组织和准备工作。1927 年 12 月 11 日，在张太雷、叶挺、叶剑英等的领导下，以北伐军第四军教导团和广州工人赤卫队为骨干，正式举行起义。经过十多个小时激战，占领了广州大部分市区。

由于敌我力量悬殊，起义军不可能坚守广州。但在起义发动后，领导者没有及时把部队撤出广州，退向农村，因此起义军虽然在城内同粤系军阀张发奎部进行了顽强的战斗，但终因寡不敌众，在起义的第三天遭到失败，起义的主要领导人张太雷牺牲。

经过三天的浴血奋战，广州起义军撤出广州，一部分撤至广东花县改编为红四师，转入海丰、陆丰地区，坚持革命斗争；另一部分退到广西左右江；还有少数人员在韶关附近加入朱德、陈毅率领的南昌起义保留下来的部队，后来上了井冈山。

广州起义是中国共产党为挽救中国革命，领导工农武装在城市夺取政权的又一次重要尝试，是向反动势力进行的又一次英勇反击。此次起义虽然失败了，但是它与南昌起义、秋收起义成为第二次国内革命战争和创建红军的伟大开端。

（5）其他武装起义

八七会议后，湖北、广东、江西、陕西、河南、直隶等省的党组织也发动了多次武装起义。其中影响较大的是1927年11月由中共黄麻特委在黄安、麻城地区领导的起义。在广东，1927年9月到10月底，

SHENG ME SHI XIN MIN ZHU ZHU YI GE MING

先后爆发了海陆丰及琼崖地区的武装起义。在江西，先后爆发了吉安县东固及万安、太和、永丰县的武装起义。从 1927 年 11 月到 1928 年夏，中国共产党在全国一些地区又先后发动和领导了多次武装起义。

虽然这段时期武装起义不断发起，但是革命力量还很弱小，革命形势仍处于低潮。经过这些起义，革命者也越来越懂得革命需要到农村去，特别是到那些受过革命风暴洗礼的农村去，只有这样才会有革命发展的广阔天地。这些起义所保留的革命武装深入农村进行游击战争，也为后来发展红军和农村革命根据地，奠定了初步的基础。

3. "左"倾盲动主义错误的出现及其纠正

八七会议后，中国共产党领导起义，多次开展武装斗争，但是当时并没有认识到革命形势已经转入低潮，而是错误估计了当时的形势，不顾主客观条件，盲目组织一些地区进行起义，党内"左"倾情绪逐步滋长起来。

1927 年 10 月 23 日，中共中央发出《中国共产党、中国共产主义青年团反对军阀战争宣言》。宣言对中国革命形势及条件作出错误的分析，认为当时应该把主要矛头对准一切的压迫剥削阶级以及帝国主义，主张迅速消灭军阀。很明显，这在当时的革命形势下是不能够实现的。11月1日，中央临时政治局常委会通过《关于全国军阀混战局面和党的暴动政策》。通告提出，党在当时的政策就是发动工农武装暴动，像俄国那样，推翻一切军阀政权，建立苏维埃政权。

在革命形势已经转入低潮的情况下，党需要认真地总结南昌起义以来革命斗争的经验教训，正确地分析形势，制定出推动中国革命走向复兴的策略。但是，在共产国际"左"倾错误理论指导下，中共中央没有清楚地认识到这一点。1927年11月9日至10日，中共中央在上海召开临时政治局扩大会议。会议一方面正确号召一切革命力量在共产党的领导下，反对帝国主义统治，推翻国民党反动统治；同时解决农民土地问题，领导农民暴动，进行武装割据。但是另一方面，混淆了民主革命和社会主义革命的界限，提出中国革命是所谓"无间断"的革命。认为大革命失败后，民族资产阶级"已成为绝对的反革命势力"，小资产阶级也成了"革命障碍"，因而主张"中国革命要推翻豪绅地主阶级，便不能不同时推翻民族资产阶级"。否认大革命失败后的低潮，武断地认为革命形势是"不断高涨"。会议还提出了实行全国武装暴动的总政策，要求农村暴动与城市暴动相结合，提出以城市暴动为中心等一些过"左"的政策。这次会议在肯定八七会议以来党在组织上的进步的同时，还把党的指导机关和党员成分工农化的指导思想具体化了。

从 11 月中旬到 12 月中旬，中央临时政治局扩大会议的精神开始在各地贯彻执行。一些地区发生强迫工人进行罢工、农民暴动等情况，罢工和起义只有少数取得胜利，并且造成党在一定地区脱离群众的问题。"左"倾盲动主义错误一开始就受到毛泽东等人的反对，在白区也遭到许多同志的抵制，再加上在实际工作中造成的损失，12 月下旬，以瞿秋白为首的中共中央发出通知，如果一些地区不具备暴动的条件就要停止计划，以减少损失。这虽然在一定程度上纠正了盲动主义错误，但是中共中央并没有从指导思想上认识到"左"倾错误，因此也不能彻底纠正全局性的盲动错误。1928 年 2 月，共产国际执行委员会第九次扩大会议通过关于中国问题的决议，批评了罗米那兹和盲动主义错误。直到 1928 年 4 月，中共中央临时政治局发出关于接受共产国际决议案的通告，这次"左"倾盲动错误才在全国范围的实际工作中基本停止。

4. 井冈山斗争

（1）井冈山根据地的建立

革命道路艰难而曲折，在这个过程中，以毛泽东为主要代表的一大批共产党人，经过创建、发展红军和农村革命根据地的实践，逐步找到一条适合中国国情、引领中国革命走向胜利的新道路。

1927年10月，毛泽东率领湘赣边界秋收起义，开始了创建农村革命根据地的艰苦实践。井冈山位于湘赣边界的罗霄山脉中段，地势险要，进可攻，退可守；这里经过第一次大革命，有较好的群众基础；井冈山周围各县盛产粮食，容易解决部队给养问题。并且地处两省边界，直接影响湘、赣等省；距离国民党统治的中心城市比较远，加之湘赣两省军阀之间又存在矛盾，敌人的统治力量比较薄弱，因此，前委决定在这里建立根据地。

1927年10月到1928年2月，以毛泽东为书记的前敌委员会领导井冈山军民，采取积极发展的方针，逐步开展了工农武装割据，在县、区、乡建立了各级工农民主政权。1927年11月，工农革命军攻占茶陵县城，成立湘赣边界第一个红色政权——茶陵县工农兵政府，谭震林任主席。随后，又攻占遂川县城、打破江西国民党军队的第一次"进剿"，奠定了井冈山根据地的基础。

为了加强党对井冈山斗争的领导，以毛泽东为书记的前委先后派出党员干部，恢复、整顿和发展各县的党组织，并且十分注重军队建设、政治教育，加强对军队的无产阶级思想领导。1927 年，毛泽东领导部队执行"打仗消灭敌人、打土豪筹款子、做群众工作"三项任务，密切了军民关系，发动了群众，解决了经济来源问题。1928 年 4 月，毛泽东又提出"三大纪律、八项注意"。这对于革命军队的建设，对于正确处理军队内部关系特别是军民之间的关系，对于团结人民和瓦解敌军，都起到了重大作用。5 月，湘赣边界党的第一次代表大会在宁冈茅坪召开。毛泽东任书记，统一领导湘赣边界红军和根据地的革命斗争，接着成立了袁文才任主席的湘赣边界苏维埃政府。红军在赤卫队和人民群众的配合下，接连打破了江西国民党军的多次"进剿"。至 6 月，井冈山革命根据地拥有宁冈、永新、莲花 3 个县，和遂川、酃县、吉安、安福等县的部分地区。之后，又打破了湘赣两省国民党军的两次"会剿"。12 月，彭德怀、滕代远率领红五军主力到达井冈山，同红四军会师。此后，红军粉碎了敌人的多次"围剿"，根据地不断扩大。1929 年 1 月，毛泽东、朱德率领红四军主力向赣南、闽西挺进，留下一部红军坚持井冈山的斗争。

（2）毛泽东工农武装割据政权建设思想

毛泽东领导的秋收起义部队在井冈山的一年时间里，有成功的经验，也有失败的教训。红色政权能够长期存在的前提是总结经验教训。毛泽东在为湘赣边界党的第二次代表大会起草的《政治问题和边界党的任务》的决议中，根据中国社会和中国革命的特点，论述了红色政权能够长期存在并发展的主客观条件，提出了工农武装割据的思想。实行工农武装割据，就是在中国共产党领导之下，把武装斗争、土地革命、建立革命政权三者结合起来。

井冈山根据地的各级工农民主政权，是处在社会最底层的工农大众推翻剥削阶级的旧政权后，建立起来的自己当家作主的新政权。1928 年 1 月，在毛泽东指导下起草的《遂川工农兵临时政府临时政纲》规定："工人、农民、士兵和其他贫民，都有参与政治的权利"，"凡地主、祠庙、公共机关的田地、山林和一切附属"，分给"贫苦人民和退伍兵士耕种使用"等，集中反映了劳动群众的愿望和要求。工农民主政权的建立，给井冈山地区带来崭新的面貌。毛泽东还在 1928 年 11 月召开的红四军党的第六次代表大会上，提出了"保护中小商人利益"的提案。与此同时，毛泽东还注意到井冈山根据地政权建设中存在的问题，并提出解决措施：一方面，要重视工农兵代表会。另一方面，要更好地发挥政府的作用。毛泽东在井冈山时期提出的对于根据地政权建设经验的初步总结，虽然有历史局限，但是其正确内容为以后的根据地政权建设提供了借鉴。

（二）复兴革命运动的艰苦斗争

1. 中共六大

大革命失败后，中国革命进入共产党独立领导的新时期。对于这时的社会性质、革命对象、动力、前途等关乎革命存亡的重要问题，亟需召开一次党的代表大会认真加以解决。特别是随着"左"倾错误的蔓延，革命形势严峻，上述问题亟待解决。为了进一步总结第一次国内革命战争特别是大革命失败以来的经验教训，正确分析形势，确定党在今后的方针和任务，1928 年 6 月 18 日至 7 月 11 日，在共产国际帮助下，中国共产党在莫斯科召开第六次全国代表大会。出席大会的有周恩来、瞿秋白、向忠发、张国焘、李立三、苏兆征、蔡和森、刘伯承等正式代表 84 人，候补代表 34 人。会上，瞿秋白代表第五届中央委员会作政治报告，周恩来作组织报告和军事报告，李立三作农民问题报告。大会讨论通过了《政治决议案》《苏维埃政权组织问题决议案》《土地问题决议案》等文件；大会分析了大革命失败后中国的政治经济状况，明确指出中国仍然是半殖民地半封建社会，中国革命现阶段的性质是资产阶级民主革命，批评了混淆民主革命与社会主义革命界限的所谓"不断革命"论的观点；会议指出当时革命形势是处于两个革命高潮之间的低潮，党的任务不是进攻，而是努力争取革命群众，准备迎接新的革命高潮的到来；会议制定了反对帝国主义和封建主义、实行土地革命、建立工农民主专政的革命纲领。这就明确回答了中国革命的基本问题。

大会总结过去革命斗争的经验教训，提出反对"左"、右两种错误倾向。大会决议案在指出大革命失败客观原因的同时，进一步批评党的领导机构的右倾错误，认为这种错误是导致大革命失败的主要原因，其要害是放弃革命领导权。决议案还批评了"左"倾盲动主义错误，特别强调当前最主要的危险倾向是盲动主义和命令主义。

大会规定了党在一系列重大问题上的基本政策。指出，必须加强党的建设，加强党的战斗力和无产阶级话语权，恢复被破坏的各级组织，建立新的官兵关系，实行民主集中制。党在城市的主要任务是争取工人阶级的大多数，大力发展工会组织；党在农村的任务是实行彻底的土地革命，建立革命根据地。

大会提出了党在民主革命阶段的十大纲领，修改了党章，重新选举了中央委员会，向忠发任中央主席（总书记），周恩来任秘书长兼组织部长，蔡和森任宣传部长，杨殷任军事部长，苏兆征为工委书记，李立三为农委书记。向忠发、苏兆征、项英、周恩来、蔡和森为政治局常委。

党的六大是一次具有重大历史意义的会议。它认真地总结大革命失败以来的经验教训，对有关中国革命的一系列存在严重争议的根本问题作出了基本正确的回答，这对后来中国革命的发展起到了积极作用，但是党的六大也存在着一些缺点，就是对中间营垒的存在、民族资产阶级的作用、反动势力内部的矛盾缺乏正确的估计和政策，特别是对中国革命的长期性和农村根据地的重要性认识不足，仍把城市工作放在中心地位。这些错误被后来的"左"倾分子所发展和扩大。

2. 党组织的恢复和发展

大革命失败后，中共中央开始部署各地的武装起义，也开始重视国民党统治区党组织的恢复与发展。在一些遭受严重损失的国统区，转变斗争形式，重建和恢复各地党组织。八七会议后，第一步工作就是建立党中央的派出机关，分别设立南方局与北方局。在建立派出机构的同时，中共中央还派巡视员到各地，实际指导地方党组织迅速转入秘密状态。

党组织还吸取以往的教训，中央组织科印发《秘密工作常识》，制定各级党组织和党员秘密工作守则，在《关于湖北组织问题决议案》中，提出党的秘密机关社会化和党员职业化的问题。经过中央和地方党组织的努力，遭到严重破坏的各地党组织得到恢复和重建。各地党组织不断得到恢复和发展，对各地武装起义的开展也起到了重要的作用。

遭遇严重挫折的中国共产党经过艰苦奋斗，逐渐从大革命挫败后的不利状况中走出，重新发展起来，但在国民党的白色恐怖下，党组织不断遭受摧残，党在恢复和发展各地党组织的道路上走得非常艰辛。党的六大选出的中央委员会回国后，非常重视党的建设。1928年9月2日，中央政治局召开第一次常委会，讨论了广西、河南两个省委的改组和充实问题。从1928年年底开始，中央政治局多次召开常委会，对安徽、湖北、湖南、江苏等省委组织进行讨论、改组和重建，并针对各地不同的形势，提出相应的政策方针。经过不懈努力，党的组织有了较大的发展。全国共产党员人数和产业工人支部都稳定增加。全国恢复17个省委和许多特委、市委、县委的组织。党的六大以后，中共中央对在国民党严密控制的城市开展秘密工作加强了指导，强调了党的工作必须切实地深入群众，从下层做起；力求使秘密工作和公开工作结合起来；党的干部要做到"职业化"和"社会化"等。这些措施的实行，使处于困境中的党组织和群众斗争逐步得到恢复和发展。

3. 农村革命根据地的扩大

（1）赣南、闽西根据地的开辟

党的六大以后，各地党组织抓住国民党新军阀混战的有利时机，发动农民开展游击战争，实行土地革命，建立革命政权，红军和根据地不断巩固和扩大。其中影响最大的，是毛泽东、朱德领导开辟的赣南、闽西根据地。

1928年12月，彭德怀、滕代远率领红五军主力转战井冈山，增强了红军的实力。1929年1月4日，为了彻底打败湘赣敌人对井冈山根据地的第三次"会剿"，扩大革命根据地，毛泽东、朱德、陈毅等率领红四军主力3600多人，离开井冈山革命根据地，向赣南敌后进军。部队往返于赣南、闽西之间，展开游击战争，发动群众进行土地革命。3月，红四军第一次进入福建省境内，消灭地方军阀郭凤鸣，乘胜进占长汀县城，并成立长汀县革命委员会。4月，红四军回师赣南，先后攻克瑞金、雩都、宁都、兴国等县城，积极发动群众，开展土地革命，初步打开了局面。

1929 年 4 月 3 日，毛泽东、朱德在瑞金接到中共中央 2 月 7 日根据共产国际领导人的意见写来的信。这封二月来信对工农武装割据的意义估计不足，对形势的估计比较悲观。4 月 5 日，红四军前委复信中央，分析目前革命形势以及工农武装割据的意义。后来，中央改变了二月来信中所提出的一些意见。

1925 年 5 月至 10 月，红四军趁福建军阀到广东参加粤桂战争，先后两次进入闽西，歼灭当地军阀陈国辉和卢新铭旅。这时，赣西南地区的革命武装力量也有很大发展。至 1930 年，包括兴国、雩都、瑞金、安远的赣南根据地和包括龙岩、永定、上杭等县的闽西根据地初步形成。1930 年 3 月，赣西南、闽西苏维埃政府相继成立。

（2）其他根据地的开辟

湘赣根据地是在井冈山根据地基础上发展起来的。1928 年 11 月，彭德怀、滕代远率平江起义主力部队转往井冈山后，黄公略率红五军一部留守湘鄂赣边区。1930 年 6 月，在湘鄂赣的红五军、红八军合编为红三军团。

鄂豫皖革命根据地位于湖北、河南、安徽三省交界的大别山地区。秋收起义后，湖北黄安、麻城一带的革命武装转移到大别山地区，于 1929 年建立了鄂东北革命根据地。同时，河南商城、安徽六安爆发武装起义，相继建立了豫东南和皖西革命根据地。

闽浙赣革命根据地位于中央根据地的东北。方志敏领导的戈阳、横峰一带农民起义后创建了红军，开辟了赣东北根据地。后与 1928 年年底发动崇安起义的闽北独立团于 1930 年夏合编为红十军，并建立了闽浙赣革命根据地。

此外，贺龙、周逸群等开辟了湘鄂西根据地，邓小平、张云逸建立了右江根据地，刘志丹、谢子长等创建了陕甘根据地，冯白驹等在海南岛创立了琼崖根据地。

4. 农村包围城市、武装夺取政权思想的初步提出

八七会议后，全党都在探索中国革命的道路。在党和人民集体奋斗开辟中国革命新道路的过程中，毛泽东作出了最卓越的贡献。他不仅在实践中首先把武装斗争的立足点放在农村，领导开创井冈山根据地，创造性地解决了为坚持和发展农村根据地所必须解决的一系列根本问题，而且从理论上对中国革命的道路问题作出了初步回答。

井冈山革命根据地建立后，多次受到敌人的"会剿"，加之物质生活极端困难，有些右倾分子对革命信心不足，感到革命前途渺茫，认为建立工农民主政

权的艰苦工作毫无意义。1928 年 10 月 14 日，湘赣边区党的第二次代表大会通过了由毛泽东起草的《政治问题和边界党的任务》的决议，其中第一部分内容就是《中国的红色政权为什么能够存在》，毛泽东提出工农武装割据的思想，并且对中国农村区域小块红色政权能够存在和发展的原因进行了论证，从而给从事农村斗争的同志增强了建设农村革命根据地的信心。11 月，毛泽东写了《井冈山的斗争》，进一步阐述了井冈山斗争和建立红色政权的经验。从 1929 年到 1930 年，毛泽东更深刻地认识到建立和发展巩固的农村根据地的重要性。在共产国际和中共中央还没认识到中国革命必须以农村作为工作中心之时，毛泽东从中国国情出发，经过探索和总结，提出了以乡村为中心的思想。1930 年 1 月，为了批评纠正右倾悲观主义思想，毛泽东又写了《星星之火，可以燎原》，更深刻地论述了建立红色政权、走农村包围城市、武装夺取政权道路的必要性。这些文章及后来的《中国革命战争的战略问题》等著述形成了毛泽东完整的"工农武装割据"理论。

毛泽东根据中国的实际情况以及当时的革命形势来探索农村包围城市、武装夺取政权的革命道路。因为中国是一个半殖民地半封建的国家，所以必须以武装的革命反对武装的反革命。中国革命的敌人异常强大，而且他们长期占据着中心城市，而广大农村则是他们统治的薄弱环节。半殖民地半封建社会的中国，农民人口占中国人口大部分，而且又是无产阶级最可靠的同盟军和中国革命的主力军。因此，无产阶级要取得胜利，必须深入农村，发动武装斗争，当然这并不意味着放弃城市，而要做好充分的城市工作。毛泽东还阐明了要实现农村包围城市、武装夺取政权的道路，必须做到武装斗争、土地革命和根据地建设的有机结合。他明确指出"工农武装割据"是半殖民地农民斗争发展的必然结果。

毛泽东关于农村包围城市道路的理论，揭示了中国革命发展的必然规律，是对马克思列宁主义关于武装夺取政权学说的重大发展。它使中国共产党人对中国革命的认识更加深刻，从而找到了一条适合中国国情的、独具中国特色的革命道路。毛泽东为了反对军中一些同志的教条主义思想，于 1930 年 5 月写下《调查工作》一文，深刻阐明坚持辩证唯物主义的思想路线、理论与实际相结合原则的重要性，提出"没有调查，没有发言权"的观点。毛泽东反对本本主义，坚持理论与实际相结合的原则，开创农村包围城市的新道路，为复兴中国革命和争取中国革命的胜利指明了前进方向。

SHENG ME SHI XIN MIN ZHU ZHU YI GE MING

（三）革命运动的曲折发展

1. "左"倾冒险主义错误的出现及其纠正

1930 年，国际上出现了有利于革命的形势。1929 年年底，资本主义世界爆发了空前的经济危机。1930 年 5 月，国内爆发了蒋介石、冯玉祥、阎锡山之间的军阀大混战。频繁的军阀战争给人民带来了深重苦难，也削弱了军阀自身的力量，客观上为革命力量发展提供了有利条件，红军和根据地在此期间得到了进一步发展。

在这种情况下，中共中央本该根据形势变化，抓住有利时机，推进革命事业的大发展。但在新的形势下，党内"左"倾情绪却滋长起来，同时受到共产国际反右倾指示的影响，时任中央政治局常委、中央秘书长兼中宣部部长的李立三在党的刊物上连续发表文章，提出一系列错误主张。1930 年 6 月 11 日召开的中央政治局会议，通过了由李立三起草的《目前政治任务的决议》，这标志着李立三"左"倾冒险主义错误在中共中央取得了统治地位。李立三冒险主义的错误，在革命形势问题上，否认了中国革命发展的不平衡性，认为中国共产党已经不需要逐步积累和准备革命的力量了，并且认为中国革命总爆发必然会带来世界革命的总爆发。在革命性质问题上，否定中国民主革命的长期性，重新回到被党的六大批判过的"不间断革命"的错误认识上来，认为在一省或者多省革命的胜利就是转向社会主义的开始。在革命道路问题上，反对毛泽东的农村包围城市道路，在反右倾的理由下，打击持有不同意见的同志，并且拒绝任何批评和建议。

李立三在上述错误思想的主导下，制订了以武汉为中心的全国中心城市起义和集中全国红军攻打中心城市的冒险计划，结果使刚刚发展起来的革命力量又遭到严重打击，也受到一批党员干部的抵制。1930年9月，党在上海召开六届三中全会，批判了李立三的错误，停止了武装暴动及攻打大城市的计划，基本上结束了第二次"左"倾错误在中央的统治。李立三本人在会上也承认了错误，随后离开了中央领导岗位。

虽然六届三中全会没能在思想上、理论上彻底清理李立三的"左"倾错误，但是它的功绩仍然是不可抹杀的，全会停止了李立三的"左"倾冒险计划，对中国革命的发展起到了重要作用。

2. "左"倾教条主义错误的全面统治

党的六届三中全会后，在瞿秋白、周恩来领导下，李立三"左"倾冒险错误在实际工作中逐步得到纠正，各项工作得到恢复和发展。但是由于共产国际对李立三所犯错误性质的变化和对新的中共中央领导人的不满，于是又派代表到中国主持召开中共六届四中全会，公开扶持教条主义者王明上台。

王明，安徽六安人，1925 年加入中国共产党，被派到莫斯科中山大学学习。在学习期间，他就接受了"左"的观点。1931 年 1 月，中共中央召开六届四中全会，在共产国际代表米夫的支持下，王明取得了中央领导地位，之后以王明为代表的"左"倾教条主义错误给中国革命发展造成了极大危害。王明等人在反对国民党反动统治、主张土地革命和红军斗争这些中国革命的基本问题上，基本是正确的，但是在其他一系列基本的政策和策略问题上，王明的主张是错误的。以王明为代表的"左"倾教条主义把马克思主义教条化，把共产国际教条化、神圣化。他们虽然批评李立三的政策，但是自己却站在比他更"左"的位置来批判"右倾依然是党内主要危险"。王明把资产阶级、上层小资产阶级同帝国主义、封建主义并列，都看作是革命的对象，混淆民主革命与社会主义革命的界限。在革命形势和任务问题上，他夸大国民党统治的危机和革命力量的发展，鼓吹在全国范围内进攻的路线。王明同李立三的主张一样，都是坚持城市中心的观点，虽然他也表示重视红军的力量，但他完全不懂得在敌强我弱的形势下红军作战的规律和革命根据地发展的规律。在土地革命问题上，王明提出"坚决打击富农"、"使富农得到较坏的土地"等"左"的主张。在组织上，对不同意或不支持他们路线的同志进行"残酷斗争"，选拔、重用一些教条主义分子进入领导岗位。王明"左"倾教条主义错误，使中国共产党丧失了"九一八事变"后的有利形势，革命力量损失严重，在苏区导致第五次反"围剿"的失利。

3. 中华苏维埃共和国临时中央政府成立

（1）中央革命根据地的三次反"围剿"胜利

红军根据地的发展，特别是李立三"左"倾冒险错误时期派红军攻打中心城市的行动，使蒋介石开始对中国共产党产生警惕。1930 年 10 月，蒋介石调遣重兵，向各革命根据地的红军发动大规模的"围剿"。虽然蒋介石调动了全国的反革命军队，但是红军已经在革命的历练中逐渐成长壮大，在反"围剿"战争中予敌以沉重打击。国民党军事"围剿"的重点是中央革命根据地和红一方面军。从 1930 年冬到 1931 年秋，中央革命根据地和红一方面军在毛泽东、朱德的指挥下，取得了三次反"围剿"斗争的辉煌胜利。

第一次"围剿"时，蒋介石派出 10 万军队，采取"分进合击，长驱直入"的作战方针，气势汹汹地向中央苏区进攻。而当时只有 4 万兵力的中央红军则"撒开两手，诱敌深入"，仅仅 5 天时间就歼敌 1 万多人，缴枪 1.3 万支，连敌人的前敌总指挥张辉瓒也被活捉。第二次"围剿"时，敌人纠集 20 万兵力，采取"稳扎稳打，步步为营"的方针，分四路向中央根据地进攻，当时只有 3 万人的中央红军则"集中兵力，先打弱敌，在运动中各个歼灭敌人"，横扫千军，15 天内进军 700 里，连打 5 个胜仗，缴枪 2 万支，痛快淋漓地粉碎了敌人的"围剿"。第三次"围剿"时，蒋介石集中 30 万兵力，自任总司令，"长驱直入"中央革命根据地，仍然只有 3 万兵力的中央红军，采取"避敌主力，打其虚弱"的作战方针，迂回作战，声东击西，牵着敌人鼻子走，歼敌 3 万余人，缴枪 1.4 万余支。中央革命根据地三次反"围剿"的胜利，与根据地人民群众的密切配合和积极支援是分不开的。红军三次反"围剿"的胜利，对国民党反动统治造成了沉重打击。

1930 年到 1932 年，在中央革命根据地进行三次反"围剿"斗争的同时，鄂豫皖、湘鄂西、赣东北、湘赣、湘鄂赣等根据地也进行了反"围剿"。尽管国民党军队对各根据地的"围剿"愈发残酷，红军还承受着党内"左"倾错误的严重干扰，但广大红军将士团结一致，不畏强敌，英勇作战，不断取得了根据地反"围剿"的重大胜利，农村革命根据地也得到了进一步巩固和扩大。

（2）成立中华苏维埃共和国临时中央政府

红军三次反"围剿"的胜利，使各个根据地都得到了一定规模的发展。中共中央决定以赣南闽西根据地为依托，建立统一的苏维埃政权。1931年，中华苏维埃第一次全国代表大会在江西瑞金召开。各苏区及红军各部均选派代表出席，宣告中华苏维埃共和国临时中央政府成立。毛泽东代表苏区中央局向大会作《政治问题报告》。大会通过了《中华苏维埃共和国宪法大纲》《中华苏维埃共和国土地法令》《中华苏维埃共和国劳动法》等法律文件。《宪法大纲》规定："中国苏维埃政权所建设的是工人和农民的民主专政国家"，"苏维埃全部政权是属于工人、农民、红军士兵及一切劳苦民众的"。不承认帝国主义在华的政治上、经济上的一切特权，废除一切不平等条约，没收帝国主义在华的一切财产归国有等。

大会选举了63人组成中央执行委员会，毛泽东当选为执行委员会主席，项英、张国焘为副主席。会议还选举毛泽东为人民委员会主席，项英、张国焘为副主席。中华苏维埃共和国临时中央政府的成立，为各个相对分割的根据地起到了中枢指挥作用。

（四）革命运动的严重挫折

1. 全国抗日救亡运动兴起

正在国民党统治集团不断调动兵力对中国红军进行"围剿"的同时，日本也趁机对中国进行了侵略战争，以缓解经济危机带来的猛烈冲击。1931 年 9 月 18 日夜，日本关东军岛本大队川岛中队河本末守中尉率部下数人，在沈阳北大营南约 800 米的柳条湖附近，将南满铁路一段路轨炸毁，诬称中国军队破坏铁路。日军独立守备队第二大队即向中国东北军驻地北大营发动进攻。次日晨 4 时许，日军独立守备队第五大队从铁岭到达北大营加入战斗。5 时半，东北军第七旅退到沈阳东山嘴子，日军占领北大营。这就是震惊中外的"九一八事变"。随后，日军迅速占领了辽宁、吉林、黑龙江三省。短短四个月，整个东北百万平方公里土地沦于日军之手。

日本对东北三省进行大规模侵略的行为激怒了中国各阶层的爱国人士，一场群众性的抗日救亡运动很快在全国许多城市和村镇兴起。各阶层群众响应中共中央和中华苏维埃临时中央政府的号召，团结一致，共同抗日，决心把日本帝国主义逐出中国。随后，上海、南京、天津、北平、汉口等城市的工人和其他劳动群众，都参加到轰轰烈烈的抗日活动之中。抗日救亡运动的高涨，也冲击着国民党的反动统治，使国民党内各派之间的矛盾激化。

由于蒋介石的不抵抗政策，日本在侵略东北三省之后，很快又在上海发动侵略战争。1932 年 1 月 28 日晚，日本海军声称要"采取相当手段以保护日本的权利和利益"，突然向国民党第十九路军发起攻击，随后又进攻江湾和吴淞口，制造了"一·二八事变"。蔡廷锴、蒋光鼐率领第十九路军进行了英勇抵抗。在党中央的正确指导下，在中共江苏省委和上海人民的共同努力下，第十九路军顽强抗战，不怕牺牲，与敌人战斗一个多月，取得了重大战果。但由于蒋介石仍然采取不抵抗政策，并与日本签订《淞沪停战协定》，全国性的抗日爱国运动遭到了挫折。

2. 革命根据地的各项建设

政权问题是中国革命的根本问题，中国共产党向来重视政权建设。党领导下的政权建设一开始是建立革命委员会，在条件具备后再召开各级工农兵代表大会，成立各级苏维埃政府。中华苏维埃共和国实行各级工农兵代表大会制度，通过召开工农兵代表大会，吸收工农群众参加政权，行使自己的民主权利。临时中央政府十分重视地方政权建设，在中央革命根据地内先后建立过 250 多个县级苏维埃政府，在其他地区也建立起许多苏维埃政府。司法建设是政权建设中十分重要的内容，临时中央政府先后颁布 120 多部法律法规。苏维埃政府同样注重廉政建设，时刻提醒政府机关人员要保持头脑清醒。苏维埃政府在政权建设方面卓有成效，不但得到了广大劳动人民的大力支持，也培养出一大批治党、治国、治军的领导干部和各方面人才。党领导的根据地政权建设，是开辟人民政权道路的重要实践，为中国共产党兴邦治国积累了宝贵经验。

国民党在"围剿"工农红军的同时，还对根据地进行经济封锁，根据地军民为打破经济封锁作出了巨大的努力。根据地经济主要是农业经济，国民党的封锁政策随着红军反"围剿"的胜利被逐步打破，根据地在农业、工业、商业等方面的经济工作都得到了一定的恢复和发展。此外，财政、金融、邮电、交通等事业也有了一定的发展。根据地军民在进行政权建设和经济建设的同时，还在极为艰苦的条件下，进行了文化教育建设，并取得了很大成绩。

3. 临时中央政府"左"倾错误的严重后果

1931 年 3 月 21 日，在周恩来、朱德等的领导下，中国红军历经曲折取得第四次反"围剿"的胜利。虽然取得胜利，但是由于教条主义的错误领导和冒险主义的进攻政策，红军在新的反"围剿"斗争中遭到空前严重的失败。

1933 年 9 月，蒋介石集中 100 万军队、200 架飞机，自任总司令，在德、意、美等帝国主义国家军事顾问的参与下，向革命根据地发动了规模空前的第五次"围剿"，动用 50 万兵力分成 4 路进攻中央革命根据地。其中，北路军共 33 个师 3 个旅，担任主攻；另有南路军、西路军和第十九路军，分头阻击红一方面军向外发展。

"围剿"开始后，敌人首先攻占黎川，并继续南进，妄图割断中央根据地与闽浙赣根据地的联系。对此，"左"倾教条主义者却提出"御敌于国门之外"和"全线出击"的冒险政策，结果陷入敌人堡垒之间。11 月，参加"围剿"红军的国民党军第十九路军宣布抗日反蒋，毛泽东及时建议中央可以抓住机会，命令红军向敌人后方苏、浙、皖主动出击，变战略防御为战略进攻。但是遭到"左"倾机会主义者的拒绝，犯了防御中的保守主义错误，完全处于被动挨打的地位。1934年1月，党的六届五中全会召开，"左"倾错误发展到顶点。4月，国民党集中兵力进攻广昌，毛泽东的正确意见未被"左"倾教条主义者所采纳，结果广昌失守，中央革命根据地丢失大部。至此，打破"围剿"的希望终于破灭了。

（五）红军长征

1. 实现伟大转折

（1）中央红军被迫长征

1934年10月初，粉碎敌人第五次军事"围剿"的目标无法实现，红军陷入敌人的层层包围，被迫实行战略转移。1934年7月，中共中央派寻淮洲、粟裕率领红七军经福建北上到闽浙皖赣边区，于赣东北和方志敏的红十军会合，组成北上抗日先遣队。1935年1月，方志敏在赣东北的怀玉山地区因叛徒告密被捕，8月6日在南昌英勇就义。1934年9月，程子华、徐海东领导的红二十五军退出鄂豫皖根据地后，于 1935 年 9 月转战到陕北,与刘志丹领导的红二十六军组成红十五军团。1934 年 10 月 10 日,中央机关和红一方面军 8.6 万多人,分别从福建西部的长汀、宁化和江西瑞金、于都出发,实行战略大转移。长征前,"左"倾指挥者既不做思想动员,又不做战略转移的组织准备,长征开始后又搞"大搬家"式的缓慢行动,实行退却中的逃跑主义,形势十分不利。

国民党军以 16 个师的重兵布置了四道封锁线,分别堵截。红军将士英勇奋战,最终于 12 月初突破了这四道封锁线,但也付出了惨重代价,兵力锐减至 3 万余人。这时,敌人又调重兵围堵,妄图将红军消灭在转移湘西的途中。党和红军到了生死存亡的危急时刻。经通道会议和黎平会议的激烈斗争,博古、李德终于接受了毛泽东关于转向的正确主张。于是,红军经湖南转道,向敌人力量薄弱的贵州前进,直取遵义。

(2)遵义会议

为了挽救工农红军和中国革命,1935 年 1 月 15 日至 17 日,中共中央政治局于遵义召开扩大会议。参加会议的有中共中央政治局委员和候补委员、红军总部和各军团主要负责人等。

会上,博古代表中央作关于反对第五次"围剿"的总结报告,周恩来就军事问题作副报告。博古在报告中过分强调客观困难，把失败原因归咎于国民党力量过于强大、苏区配合不力等方面，否认自己和李德错误的军事领导，周恩来则在报告中主动承担了责任。随后大会开始讨论，毛泽东等同志批评了博古、李德在军事上的错误，多数同志在发言中支持毛泽东的意见。最终，会议通过《中央关于反对敌人五次"围剿"的总结决议》，决议肯定了毛泽东关于红军作战的基本原则。会议在组织上作了必要的调整，选举毛泽东为中央政治局常委；取消了博古、李德的最高军事指挥权，由张闻天代替博古担任党中央总负责人。会后，成立毛泽东、周恩来、王稼祥组成的三人军事指挥小组，全权负责军事行动。

遵义会议结束了王明"左"倾教条主义在中共中央的统治，确立了毛泽东在党和红军中的领导地位，初步形成了以毛泽东为核心的第一代中央领导集体，是中国共产党历史上生死攸关的转折点，标志着中国共产党开始走向成熟。

2. 红军长征胜利

面对敌人的围追堵截以及恶劣的自然环境等，红军长征异常艰难。1935 年 5 月下旬，红军强渡大渡河，飞夺泸定桥，翻越终年积雪的夹金山。6 月 12日，中央红军一部与红四方面军在达维镇会师。6 月

18 日，中共中央与中央红军主力到达懋功地区。

中央红军与红四方面军懋功会师后，开始讨论红军北上还是南下的问题，周恩来、毛泽东等多数人同意北上，张国焘随后改变主意，坚持南下，大搞分裂党的活动。面对中央的严厉批评，张国焘屡教不改，继续南下，向四川、西康边境退却。左路军中的朱德、刘伯承等与张国焘的分裂主义进行了严肃的斗争。1936 年，红二、六军团与红四方面军会师。随后中央指令红二、六军团组成红二方面军，由贺龙任总指挥，任弼时任政治委员，萧克任副总指挥，关向应任副政治委员。两军会合后，在朱德、任弼时、贺龙、刘伯承、关向应、徐向前等人的坚决抵制和斗争下，张国焘被迫取消伪中央，同意共同北上。1936 年 10 月，红一、二、四方面军在甘肃会宁和静宁地区胜利会师。至此，三大主力红军的长征胜利结束。

长征的胜利，成为中国革命转危为安的关键。长征实现红军的战略大转移，是在遵义会议确立以毛泽东为核心的新的中央正确领导下取得的。长征的胜利表明了红军矢志不渝的坚定信念、勇往直前的英雄气概、独立自主的创新胆略、团结一致的革命风格和患难与共的高尚情怀。长征的胜利打开了中国革命的新局面。

3. 南方红军三年游击战争

从 1934 年下半年到 1937 年全国抗日战争爆发，留守的红军和游击队在党的领导和人民群众的支持下，在浙、赣、闽、粤、湘、鄂、豫、皖等南方八省十几个地区，展开了艰苦卓绝的游击战争。红军长征后，国民党反动派向各革命根据地腹地发动进攻，他们妄图以堡垒封锁、烧杀抢夺等反动政策和手段消灭留下来坚持斗争的红色武装。

从 1934 年 10 月到 1935 年春，这是红军和游击队由正规战向游击战转变的第一阶段。1935 年 2 月 13 日，中共中央命令苏区中央分局，"立即改变组织方式和斗争方式"，"以小游击队的形式有计划地分散行动，环境有利则集合起来，不利又分散下去"。分局按照中央指示，及时变更了红军的组织形式和斗争方式，以分散出击、机动作战的原则，分路冲出敌人重围。第二阶段是从 1935 年到 1936 年，这是以游击战来保存、巩固、发展红军、游击队和游击区的阶段。1935 年 3 月，项英、陈毅等人从中央苏区来到赣粤边，他们坚决贯彻落实依靠群众、坚持斗争、积蓄力量、创造条件的方针，在以油山为中心的赣粤边区坚持游击战争。第三阶段是从 1936 年西安事变和平解决到 1937 年全国抗日战争爆发，这是由游击战争向国共合作抗战转变的阶段。在红军与游击队的反"清剿"斗争打击下，在党中央同国民党的谈判下，国民党军队终于停止进攻，三年游击战争最终以国民党"清剿"失败而告终。南方留守武装力量英勇抗战，不仅打击了敌人，而且为革命保留了火种，积累了丰富的游击作战经验。

（六）致力建立抗日民族统一战线

1. 制定抗日民族统一战线策略

民族危机的日益加深和群众抗日救亡运动新高潮的到来，促使中国共产党及时制定新形势下的政治路线和革命策略。1935 年 12 月 17 日，中共中央在陕北瓦窑堡召开政治局会议。12 月 23 日，毛泽东在会上作关于军事战略问题的报告，会议通过了《中央关于军事战略问题的决议》，确定"把国内战争同民族战争结合起来"，"准备直接对日作战的力量"和"扩大红军"的方针，并提出了抗日游击战在战略上的重大作用。12 月 25 日，会议通过张闻天起草的《中央关于目前政治形势与党的任务决议》，正式确定了建立抗日民族统一战线的方针。12 月 27 日，毛泽东根据会议精神，在党的活动分子会议上作《论反对日本帝国主义的策略》的报告，从理论上阐明了党的抗日民族统一战线的策略方针。

会议和报告指出，在新的形势下，不仅工人、农民、城市小资产阶级和广大知识分子是抗日的基本力量，而且民族资产阶级也有参加抗日民族统一战线的可能，即使是地主买办阶级，在民族矛盾激化的情况下也可能分化。党的基本策略是建立起广泛的抗日民族统一战线。决议和报告在着重批评关门主义倾向的同时，强调党在统一战线中的领导权。毛泽东特别提醒全党要担负起"批评同盟者、揭破假革命、争取领导权的责任"。

瓦窑堡会议决议及毛泽东的报告，解决了党的政治路线问题，标志着党的抗日民族统一战线策略方针的形成。

2．西安事变的和平解决

华北事变后，中国共产党主张抗日反蒋，但随着形势的发展变化，改为逼蒋抗日。面对日本的紧逼，以蒋介石为首的国民党当局既想利用苏联牵制日本，又想利用时机消灭共产党，因此，蒋介石以"抗日"的旗号与共产党商谈合作抗日的问题。1936 年 3 月 4

日，毛泽东、张闻天、彭德怀提出五条意见，指出中国共产党与国民党联合抗日的一般要求和政治基础。4月9日，毛泽东、彭德怀致电张闻天，提出要停止内战，实行一致抗日。4月25日和5月5日，中共中央分别发表《为创立全国各党派的抗日人民阵线宣言》和《停战议和一致抗日通电》，把蒋介石列为抗日民族统一战线的对象。这实际上已经是由反蒋抗日走向逼蒋抗日。

正当中共中央采取逼蒋抗日方针的时候，1936年12月发生了震惊中外的西安事变。蒋介石于1936年12月4日飞抵西安，要求张学良、杨虎城加紧"剿共"。张学良、杨虎城则力劝蒋介石联共抗日，遭到蒋介石拒绝，顽固坚持"攘外必先安内"的反动政策。12月9日，西安1万多名学生举行游行，当队伍前往华清池向蒋介石请愿，要求国民党政府停止内战、一致抗日之时，蒋介石却严令张学良派兵镇压。在多次苦劝力谏无效的情况下，12月12日凌晨，张学良、杨虎城派兵扣押了蒋介石和所率南京政府官员。同时通电全国，声明自己是为抗日救国而被迫发动事变的，并提出了抗日救国的八项主张。

西安事变的发生，引起了国内外各种势力的强烈反响。日本政府希望借机除掉蒋介石，扩大中国内战，企图灭亡中国。英、美为了自己的利益则极力主张和平解决事变，支持宋美龄、宋子文等赴西安与张、杨和谈。苏联希望同南京政府改善关系，希望事变能早日和平解决，但却错误地指责张、杨与亲日派有密切关系，认为这是日本在中国的新阴谋。

中共中央从民族的根本利益出发，表示支持张、杨的抗日主张，提出了和平解决西安事变的方针。12月17日，中共中央派周恩来、叶剑英、秦邦宪等人抵达西安，与张学良、杨虎城商讨和平解决西安事变问题，并派彭德怀、任弼时等率领红军主力集中于潼关附近接防。19日，向全党发出了《中华苏维埃中央政府及中共中央对西安事变通电》和《中央关于西安事变及我们任务的指示》，统一了全党对和平解决事变方针的认识。中央代表团到达后，周恩来先后同张学良、杨虎城商定计划。张、杨完全接受中共关于和平解决事变的方针和条件。23日，张学良、杨虎城同宋子文、宋美龄进行谈判，周恩来作为中共中央全权代表也参加了谈判。谈判进行了两天，最终迫使蒋介石于24日晚接受了停止内战、联共抗日等六项条件。25日下午，张学良释放蒋介石等人。至此，西安事变和平解决。

西安事变的和平解决，结束了国共长达十年的内战，推动了国共两党的再次合作，中国从此进入了全面抗战的新时期。

SHENG ME SHI XIN MIN ZHU ZHU YI GE MING

3. 为促进国共合作抗日而努力

西安事变和平解决后，中共中央为了推动国民党的政策转向抗日，促进国共两党合作的实现，于1937年2月10日提出了五项要求和四项保证。五项要求是：停止内战，集中国力，一致对外；保障言论、集会、结社之自由，释放一切政治犯；召开各党各派各界各军的代表会议，集中全国人才，共同救国；迅速完成对日作战之一切准备工作；改善人民生活。电文指出，如果国民党达到这五项要求，共产党则愿意作出四项保证：实行停止武力推翻国民党政府的方针；工农政府改名为中华民国特区政府，红军改名为国民革命军；特区实行彻底的民主制度；停止没收地主土地的政策，坚决实行抗日民族统一战线的共同纲领。这个电文发表后，得到了广大爱国人士的赞同，也进一步推动了国民党内部抗日派对亲日派的斗争。1937年2月15日，国民党召开五届三中全会，提出恢复孙中山的"联俄、联共、扶助农工"的三大政策，呼吁国共两党第二次合作，虽然没有制定明确的抗日方针，但是确定了和平统一、扩大民主、释放政治犯等原则。虽然以蒋介石为首的国民党当局没有放弃反共立场，但他们已经开始接受中国共产党倡导的国共两党合作抗日的政策。

四、抗日战争

（一）贯彻落实全面抗战路线

1. 抗日民族统一战线的建立

（1）开始全民族抗战

1937 年下半年，资本主义世界爆发的严重经济危机波及日本。日本帝国主义为缓和国内阶级矛盾，实现其吞并中国、独霸亚洲的既定国策，决定发动全面侵华战争。

从 1937 年 5 月起，日本侵略军几乎每天都在北平卢沟桥附近进行挑衅性的军事演习。7月7日，日军一部在卢沟桥附近借"军事演习"之名，向中国驻军寻衅，并借口一个士兵失踪，要求进入宛平县城搜查。中国守军拒绝了这一无理要求。当交涉还在进行时，日军即向卢沟桥一带的中国驻军发动攻击，并炮轰宛平县城。中国驻军第二十九军一部奋起抵抗。卢沟桥事变揭开了全国抗战的序幕。7月8日，中共中央发表全国通电，呼吁"只有全民族实行抗战，才是我们的出路"。9日，红军通电全国，要求抗日。全国各界抗日救亡运动迅速发展。7月17日，蒋介石在庐山发表谈话，提出解决事变的最低条件，表示"最后关头一到，我们只有牺牲到底，抗战到底"，表明了中国政府的抗战决心。

（2）第二次国共合作正式形成

为了早日实现国共两党合作抗日，进一步推动全国抗战，1937年7月中旬，中国共产党将《中共中央为公布国共合作宣言》送交国民党，提出发动全民抗战、实现民主政治和改善人民生活等三项基本要求。中共领导人在庐山同蒋介石、邵力子、张冲等谈判时，蒋介石对共产党提出的宣传方案态度冷淡，又另外提出了一套方案。而对于红军改编问题，则提出严苛条件。中共未能同意，第二次庐山谈判未果。

日本帝国主义的大规模侵略严重威胁了英美帝国

主义的在华利益，直接威胁着蒋介石集团的统治地位。1937 年 8 月 14 日，国民政府发表声明，谴责日本对中国领土和主权的侵犯，表示对日本的侵略要实行"自卫"。8 月中旬，周恩来、朱德、叶剑英去南京参加蒋介石召开的国际会议，协商共同抗日问题。蒋介石下达了总动员令，决心对日作战，中国的抗日战争全面展开。8 月 22 日，国民政府军事委员会发布命令，将红军改编为八路军。9 月 22 日，国民党中央通讯社发表了《中共中央为公布国共合作宣言》。次日，蒋介石发表谈话，承认了中国共产党在全国的合法地位。国共合作宣言和蒋介石谈话的发表，标志着国共两党第二次合作的正式形成。在中国共产党的积极努力和推动下，以国共两党合作为中心，由中国各族人民、各民主党派、各爱国军队、各阶层爱国人士以及海外华侨组成的抗日民族统一战线也终于发展起来，全国掀起了轰轰烈烈的抗战热潮。

2. 制定全面抗战路线

全国抗战一开始，中国共产党就号召全国人民团结起来，共同抗日，实行人民战争的路线。1937 年 8 月 22 日至 25 日，中共中央在陕北洛川召开政治局扩大会议。毛泽东在会上作了关于军事问题和国共两党关系问题的报告。会议通过了《关于目前形势与党的任务的决定》，指出：中国的抗战是一场艰苦的持久战，争取抗战胜利的关键是实行全面抗战路线。会议分析了当时的政治形势，提出党的中心任务是动员一切力量争取抗战的胜利。

毛泽东指出，根据中日战争中敌强我弱的形势和敌人用兵的战略方向，抗日战争将是一场艰苦的持久战。红军虽然已经发展成为正规军，但在新形势下，在兵力使用和作战原则方面必须有所改变。红军的基本任务是：创造根据地，牵制消灭敌人，配合友军作战，保存和扩大实力，争取共产党对民族革命战争的领导权。红军的作战方针是：独立自主的山地游击战争。独立自主是相对的，是在共同抗日统一战略目标下的独立自主。在两党关系问题上，毛泽东指出，要坚持统一战线，巩固扩大统一战线；同时要保持共产党在政治上、组织上的独立性，所以必须坚持统一战线中无产阶级的领导权。

会议通过了《中国共产党抗日救国十大纲领》和毛泽东起草的宣传鼓动纲领，其基本内容是：打倒日本帝国主义；全国军事的总动员；全国人民的总动员；改革政治机构；抗日的外交政策；战时的财政经济政策；改良人民生活；抗日的教育政策；肃清汉奸卖国贼亲日派，巩固后方；抗日的民族团结。实行这些纲领，就能争取使抗日民族解放战争朝着有利于人民胜利的结局发展。会议讨论并确定了在全国抗日到来的新时期中党的基本行动路线和工作方针，并组建中共中央革命军事委员会，以加强党对军事工作的指导。

洛川会议是抗日战争全面爆发后中国共产党召开的一次重要会议，它正确地指出了中国共产党在抗日战争时期的战略决策，为争取抗日战争的胜利奠定了政治基础。

3. 努力实现全面抗战

（1）沪宁地区的对日作战

当日军的作战中心还在华北战场之时，国民党军事当局就决定以上海为对日作战的主战场。蒋介石先后调集并指挥 70 万兵力进行淞沪会战。这场战争是中国军民共同抵抗日本帝国主义侵略的壮举，战争持续了 3 个月，日军投入了 10 多个师团、30 多万兵力。中国军队不畏强敌，浴血奋战，沉重打击了日本侵略者。但是由于国民党政府采取单纯防御的战略方针，并妄图借抗战的机会达到消灭异己的目的，使中国军队付出了惨重的牺牲，最后不得不撤离上海，11 月 12 日，日本完全占领上海。

日军占领上海后，就直逼南京。12 月 13 日，国民党军队虽然与日军进行了多场战斗，给了敌人一定的打击，但是终究没能敌过日军的猛烈攻击。南京在这一日被占领了。随后，在侵华日军华中方面军司令官松井石根和第六师团长谷寿夫等人的指挥下，日军对手无寸铁的中国人民进行了长达 6 周的血腥大屠杀。多达 30 万以上的中国平民和被俘士兵被集体枪杀、焚烧、活埋或用其他方法处死。日军烧杀抢掠，奸淫妇女，无恶不作。这场大屠杀的规模之大、受害人数之多、持续时间之长、手段之残忍，在人类历史上都是罕见的。

南京大屠杀引起了全世界正义人士的极大愤慨和谴责。1938 年 3 月，澳大利亚人田伯烈编成《外人目睹之日军暴行》一书，较早地全面介绍了南京大屠杀，称日军在南京的暴行是"现代史上破天荒的残暴记录"，是中国"文明史上最黑暗的一页"。美国《纽约时报》记者杜廷谴责日军把一座六朝古都变成一座"恐怖的城市"。然而在整个侵华战争中，日军的暴行从未停止过。

（2）战略防御阶段结束

南京失守后，蒋介石于 1938 年 1 月在开封召开军事会议，八路军主要将领朱德、彭德怀、林彪、贺龙、刘伯承等出席。会议主要讨论了当前战争形势下采取何种抗日的战略方针与战略部署，决定主要以武汉为核心，开展津浦路方面的作战，力保广东、福建沿海。

日军占领南京后，将作战重心移向津浦路。随后，日军展开了疯狂的进攻。徐州会战、武汉会战虽然失败，但是却给日军造成巨大的创伤。台儿庄大捷是抗战以来国民党正面战场取得的最大胜利。

从 1937 年 7 月卢沟桥事变到 1938 年 10 月广州、武汉失守，是全国抗战的战略防御阶段。国共两党及其领导的军队协同作战，对日军进行了有效的打击，使日军实力受到较大破坏。敌后抗日游击战争的展开、抗日民主根据地的建立，钳制了日军大量兵力，有力地配合和支持了友军的正面战场。以国民党军队为主体的正面战场取得了一些战役战斗的胜利，但是兵力损失很大，并相继失守天津、保定、上海、广州等重要城市以及周边的广大地区，究其原因，除敌强我弱外，还与国民党统治集团实行片面的抗战路线和单纯的战略防御方针密不可分。

4. 创建敌后抗日根据地

为了长期抗战，八路军在广泛进行游击战争的同时，还发动群众创建了多块敌后抗日根据地。聂荣臻率领一一五师一部开赴恒山山脉南部，以五台山为中心，开辟了晋察冀抗日根据地；贺龙、关向应率一二〇师进入晋西北地区，建立了晋西北抗日根据地，后又派出李井泉支队北出绥远，开辟了大青山抗日根据地。刘伯承、邓小平率一二九师挺近晋东南地区，创

MA LIE ZHU YI CHANG SHI GONG MIN DU BEN

建了晋冀豫抗日根据地。罗荣桓率领一一五师一部进入山东，与当地抗日武装结合，创建了山东抗日根据地。新四军进入长江南北敌后地区开展游击战争，也建立了抗日根据地。在开辟敌后抗日根据地的同时，陕甘宁边区得到进一步巩固，成为中国人民抗日战争的指导中心和敌后抗日根据地的总后方。

从1937年7月到1938年10月，八路军对敌作战达1600多次，歼灭日军5.4万多人，牵制日军兵力近30万人，敌后抗日根据地和游击区遍布华北、华中、华南9省。在此期间，八路军发展到15.6万人，新四军发展到2.5万人，共建立十多个抗日根据地和游击区，人口达5000余万。毛泽东指出，国共两党的抗战路线不同，办法不同，因此其结果前途也不同：一个节节失败，一个不断胜利。敌后战场的开辟和抗日民主根据地的建立，成为坚持长期抗战的中流砥柱。

5. 持久战理论

中国的抗日战争是持久战，只有实行持久战，才能打败日本侵略者，夺取抗战的胜利。持久战是中国抗战唯一正确的战略方针。1938年5月，毛泽东接连写了《抗日游击战争的战略问题》和《论持久战》等著作，成为争取中国抗日战争胜利的理论纲领。在

《论持久战》中，毛泽东首先揭示了抗日战争发展的基本规律。中日双方具有四个相互矛盾的基本特点：敌强我弱，敌退步我进步，敌小我大，敌失道寡助我得道多助。强弱对比说明日本能在一定时期和一定程度内横行，因此中国要走一段艰难的道路，抗日战争是持久战而不是速决战。而"得道多助失道寡助"说明日本的非正义战争不可能走到最后，中国绝对不会灭亡，必然会取得最后的胜利。毛泽东指出，持久的抗日战争必然经过战略防御、战略相持和战略反攻三个阶段。毛泽东还阐明了抗日游击战争的战略地位及其战略方针，强调坚持人民战争的抗战路线，调动全体军民的最大积极性以支持战争。

毛泽东的《论持久战》和《抗日游击战争的战略问题》，有力地驳斥了"亡国论"和"速胜论"的错误认识，从思想上武装了全党、全军和广大人民，丰富和发展了马列主义的军事科学，为争取抗日战争的最后胜利指明了方向。

6. 中共六届六中全会

为了总结全国抗战以来的经验教训，确定党在抗战新阶段的基本方针和任务，解决党内一度出现的右倾错误，1938年9月，党在延安召开了扩大的六届六中全会。会上，毛泽东作了《论新阶段》的报告和总结，全会通过了《中共扩大的六中全会政治决议案》，批准了以毛泽东为核心的中央政治局的路线。全会完全赞同毛泽东对 15 个月来抗战经验的总结和对当前抗战形势的科学分析；重申全党应把主要工作放在战区和敌后，独立自主地放手组织人民开展抗日武装斗争；要不断巩固和扩大抗日民族统一战线，用长期合作来支持长期战争；同时，要坚持统一战线中的独立自主原则；要坚持两党的长期合作；加强自身的建设；强调学习的重要性；强调巩固和加强党的团结统一，扩大党内民主，实行民主集中制原则。全会撤销了长江局，成立了南方局和中原局。这样党的六届六中全会就从政治上和组织路线上解决和纠正了王明的右倾错误，进一步确定了毛泽东在全党的领导地位，推动了各项工作的迅速开展。

（二）坚持团结抗战

1. 战略相持阶段到来

（1）日本对华策略调整

1938 年 10 月，日本侵略军占领广州、武汉以后，中国抗日战争逐渐转入战略相持阶段。相持阶段到来之后，日本对国民党采取以政治诱降为主、军事打击为辅的策略，企图诱使国民党政府妥协投降。在政治方面，日本侵略者实行"以华制华"的方针。在经济方面，实行"以战养战"的方针。在思想文化方面，在占领区强制推行奴化教育，宣传"亲民"思想和"日中亲善"、"共存共荣"等。日本对国民党政府加紧诱降，策动了以汪精卫为首的亲日派公开投降。1938 年 12 月 18 日，汪精卫、陶希圣、周佛海等逃离重庆，飞往越南河内。12 月 29 日，汪精卫在河内发表"艳电"，主张国民政府以"善邻友好"、"共同防共"、"经济提携"三原则为根据，投降日本。

（2）中国共产党提出抗战团结进步方针

汪精卫集团叛变后，蒋介石集团对外妥协、对内反共的倾向也明显增长。1939 年 1 月召开的国民党五届五中全会着重讨论了"整理党务"，并研究了"如何与共产党作积极之斗争"。大会制定了"防共、限共、溶共、反共"的反动方针，并设立防共委员会，颁发了一系列秘密反共文件，并在一些地方设立集中营，囚禁、杀害共产党员和进步人士。

中国共产党正确分析相持阶段到来后国际国内的复杂形势，提出了坚持团结抗战，巩固和扩大抗日民族统一战线的正确方针。中共中央从大局出发，指出

SHENG ME SHI XIN MIN ZHU ZHU YI GE MING

中日民族矛盾仍然是主要矛盾，党的任务是要清醒地认识时局的严重性，在思想上、组织上有所准备，随时应付国民党中途妥协和内部分裂的突发事变。1939年7月7日，中共中央为纪念全国抗战两周年发表对时局的宣言，明确提出："坚持抗战到底，反对中途妥协"；"巩固国内团结，反对内部分裂"；"力求全国进步，反对向后倒退"。

2. 百团大战

自1940年夏起，日军一面加紧诱迫国民党政府投降，一面对敌后抗日根据地频繁"扫荡"，并企图隔断太行山、晋察冀等占领区的联系，推行"囚笼政策"。为了粉碎日军的阴谋，克服国民党悲观失望妥协投降的危险，华北八路军总指挥部决定组织一次大规模的反击战，以此来影响全国的战局。随着战役的展开，八路军参战部队达到105个团约20余万人，故称"百团大战"。

1940年7月22日，朱德、彭德怀、左权签发了关于百团大战的预备命令，8月战役全面展开。八路军的105个团约20万兵力，在千里战线上向日军发起总进攻。经过第一阶段的交通破袭战、第二阶段的攻坚战和第三阶段的反"扫荡"，至12月5日基本结束。八路军在这三个半月中，共进行大小战斗1824

次，歼敌 2.5 万人，破坏公路、铁路 2000 多公里，此外还缴获大量武器，捣毁日军数百处防卫设施，获得了其他大量军用物资。

百团大战打破了日军的"囚笼政策"，打出了共产党领导的敌后抗日军民的声威，极大地鼓舞了全国军民的抗日情绪。八路军的不断发展壮大，给敌人以强有力的打击。日军在遭受打击后，惊呼"对华北应有再认识"，并从华中抽调兵力，对华北抗日根据地实施"更大规模的报复作战"。

敌后抗日游击战争不仅牵制了大量日军，有力地配合了正面战场的作战，而且人民抗日力量也在战斗中不断壮大，1940 年，人民武装部队已经发展到 50 万人，建立了 16 个抗日根据地。这些抗日根据地成为了全国抗日的重心。

3. 抗日民族统一战线的政策策略

抗日民族统一战线具有广泛的社会基础。作为统一战线主体的国共两大政党，代表着不同阶级的利益，因此，虽然中日矛盾是国内的主要矛盾，但是国共两党之间仍会出现政治斗争和军事摩擦。在这种斗争与摩擦中，革命队伍中的一些人没有把主要工作放在努力巩固和扩大统一战线上，认为国共合作将要破裂，与国民党只要斗争不要团结。这种"左"的倾向如果继续扩大，那对巩固抗日民族统一战线、争取抗日战争的最后胜利是极为不利的。同时，党内也存在着不敢同国民党顽固派斗争的右的倾向。因此，毛泽东在 1940 年间先后写了《目前抗日统一战线中的策略问题》《论政策》等重要文件。他总结全面抗战以来实行国共合作及反摩擦斗争的经验，全面阐述了党在抗日民族统一战线中的策略方针和各项基本政策。

毛泽东指出，党的统一战线政策的根本指导原则，是既联合又斗争，以斗争求团结，还要在阶级关系的"区别上建立我们的政策"。毛泽东鉴于统一战线中存在着进步、中间和顽固势力，提出了要"发展进步势力，争取中间势力、孤立顽固势力"的策略方针。要发展共产党、八路军和党领导下的无产阶级、农民阶级和城市小资产阶级。争取中等资产阶级、开明绅士和地方实力派这三部分人。孤立抗战阵营内部的大地主、大资产阶级。中共中央为了巩固和扩大抗日民族统一战线，还在政权建设方面提出贯彻"三三制"原则。在人民权利上提出不反对抗日的地主、资本家同工人、农民有同样的权利。坚决镇压坚定的汉奸分子和反共分子，不可涉及无辜。提出发展八路军、新四军等革命武装，对国民党军队尽量开展交朋友的工作，实行"人不犯我、我不犯人"的方针。同时在劳动政策、土地政策、税收政策、经济政策、文化教育等方面都提出了切实可行的策略方针。抗日战争时期，是党的统一战线实践取得丰硕成果并在理论和政策方面获得空前发展的重要阶段，毛泽东阐明的党在抗日民族统一战线中的策略方针，把原则的坚定性与策略的灵活性巧妙地结合起来，这不仅对争取抗日战争的胜利和新民主主义革命的胜利很有意义，而且对党领导的革命和建设事业也同样具有重要意义。

4. 新民主主义理论体系形成

从 1939 年年底到 1940 年年初，毛泽东先后发表了《〈共产党人〉发刊词》《中国革命和中国共产党》和《新民主主义论》等重要著作，系统地阐述了中国新民主主义革命的理论。新民主主义革命理论的主要内容，首先是分析了中国革命的历史进程。半殖民地半封建社会的性质决定了中国革命必须分两步走，第一步是新民主主义革命，第二步是社会主义革命。这是两个性质不同、相互区别又相互联系的革命过程。前者是后者的必要准备，后者是前者的必然趋势。第二，毛泽东在中国共产党内首次提出新民主主义的科学概念。"所谓的新民主主义的革命，就是在无产阶级领导下的人民大众的反帝反封建的革命。"最后，毛泽东还制定了新民主主义革命的政治、经济、文化纲领。毛泽东总结党的实践经验时创造性地指出，中国要想实现无产阶级领导，"统一战线，武装斗争，党的建设，是中国共产党在中国革命中战胜敌人的三个法宝，三个主要的法宝"，并指出了"三个法宝"的内容与相互联系。

毛泽东关于新民主主义革命的理论，深刻地揭示了中国新民主主义革命的基本规律，丰富和发展了马克思列宁主义，标志着马列主义基本原理同中国革命具体实践相结合的毛泽东思想有了进一步发展，为中国革命指明了前进的方向，推动了抗日战争的胜利和中国人民革命事业的发展。

5. 击退国民党第二次反共高潮

1940 年夏秋，国民党顽固派在华北发动的第一次反共高潮遭到失败后，便把反共中心转向华中。1941 年 1 月 4 日，皖南新四军主力 9000 余人在叶挺、项英的率领下开始北移，1 月 6 日部队在皖南泾县茂林地区遭国民党 8 万余人的包围袭击。新四军英勇奋战七昼夜，终因寡不敌众，弹尽粮绝，除约 2000 余人突出重围外，一部分被打散，大部分壮烈牺牲或被俘。叶挺在谈判时被国民党军扣押，政治部主任袁国平牺牲，副军长项英、副参谋长周子昆在突围中被叛徒杀害。17 日，蒋介石称新四军"叛变"，宣布取消番号并将叶挺交付"军法审判"，这就是皖南事变。

至此，国民党发动的第二次反共高潮达到顶点。

皖南事变发生后，中共中央同国民党展开了针锋相对的斗争。1月20日，中共中央军委发布了重建新四军军部的命令，任命陈毅为代理军长，张云逸为副军长，刘少奇为政治委员，赖传珠为参谋长，邓子恢为政治部主任。22日，毛泽东以中央军委发言人的名义发表谈话，向全国人民彻底揭露了国民党顽固派勾结日伪、实行联合剿共的全部阴谋，并向国民党当局提出取消1月17日的反动命令、惩办祸首、释放叶挺等十二条解决办法。

当周恩来知道《新华日报》关于揭露事件真相的报道被国民党当局扣押后，立即题写道："千古奇冤，江南一叶；同室操戈，相煎何急?!"共产党正义自卫的立场，得到各界人士、民主党派的支持。宋庆龄、何香凝和柳亚子等民主人士及海外华侨纷纷发表通电，声讨蒋介石。英、美也不支持蒋介石的做法。蒋介石在陷于孤立的形势下，不得不收敛其反共行为，政治上的进攻转为防御，表示"以后再亦决无剿共的军事"，并提出和周恩来谈判。至此，第二次反共高潮被打退。

（三）巩固抗日民主阵地

1. 巩固抗日根据地的政策措施

1941 年至 1942 年，在世界法西斯势力最猖獗的时候，中国的抗日战争也到了最艰难的阶段。这期间，国民党军队在正面战场上对日军发动了一些进攻战役，如豫南战役、赣北上高战役、长沙战役等，但是，国民党抗日总方针依然是保存实力、消极防御、等待胜利。而且国民党还加紧了投降、反共的罪恶活动，积极配合日寇进攻解放区。他们集中更多的力量来限制、削弱共产党及其领导的人民抗日力量。在国民党统治区，特务大肆搜捕和杀害共产党人，破坏共产党组织，残酷镇压人民的抗日民主活动。1943 年 8 月，国民党先后投敌的中央委员有 20 人，高级将领有 58 人，军队约 50 万人。他们还把自己这种丑恶行径称之为"曲线救国"。这时日军也集中力量对共产党人和抗日根据地的人民武装进行攻击，对抗日根据地实行大规模反复的"扫荡"、"清乡"。日、伪、顽对解放区的扫荡、封锁和进攻，再加上华北连年自然灾害，使敌后根据地进入了极端严重的困难时期。

在此期间，面对日、伪军的残酷"扫荡"和"蚕食"，中国共产党领导敌后军民展开了艰苦的反"扫荡"、反"蚕食"斗争。在解放区，针对日军的"扫荡"政策，根据地的正规军、游击队和广大群众团结一致，顽强战斗，开展了广泛的游击战争，创造了地雷战、地道战、麻雀战、破袭战、围困战、水上游击战等多种战斗形式，使敌人处于被动挨打的境地。在游击区，针对日军的"蚕食"政策，根据地军民采取政治攻势和军事斗争相结合、公开斗争和隐蔽斗争相结合的方针，做了许多对日、伪军的分化瓦解工作。同时，中国共产党领导制定了一系列政策和措施以巩固抗日民主根据地，加强政权建设和增进党政军民团结、加强党的集中统一领导、深入贯彻减租减息政策、开展大生产运动和经济建设。这些政策的实施，一方面，加强了党的领导，团结和调动了各方面的积极性；另一方面，从政治、经济、思想各方面加强了根据地的建设，为战胜困难、巩固解放区奠定了基础。

2. 加强党在国统区的工作

1941 年至 1942 年，党在国民党统治区的工作，也处于十分艰难的时期。根据党的六届六中全会的决定，1939 年 1 月 16 日，中共中央南方局在重庆正式成立，周恩来为书记，博古、凯丰、吴克坚、叶剑英、董必武为常委。南方局成立后，在周恩来等人的领导下，共产党在国民党统治区高举抗日民族统一战线的旗帜，贯彻抗战、团结、进步的方针，卓有成效地开展了各项工作。南方局为维系国共合作、巩固和扩大抗日民族统一战线，做了大量工作。南方局领导人多次与国民党谈判，商讨团结抗日的具体事宜，还争取其他民主党派和无党派人士、工商界人士、受国民党统治集团排挤的地方实力派、华侨、宗教人士等。南方局加强抗日民主宣传，支持进步文化运动的发展，重视团结文艺界人士开展进步文艺活动，开展以工人、农民、青年、妇女为对象的群众工作，还积极加强党的地方组织建设，不断提高党的战斗力。在周恩来等人的领导下，南方局巩固发展了抗日民族统一战线，坚持全民族抗战，对推动抗战时期民主运动的发展、提高共产党在全国的威望及对世界的影响，作出了重要的贡献。

3. 重视党在沦陷区的工作

中国共产党在沦陷区的抗日斗争，是党领导的抗日斗争的重要组成部分。全面抗战爆发后，中共中央实行的全面抗战路线把工作重心放在建立农村抗日根据地上，同时也十分重视在日军占领的城市和交通要道地区开展工作。在抗日相持阶段，党在沦陷区的工作面临更为严峻的形势。因此毛泽东及时提醒全党，此时更要在农村中进行共产党的组织工作。1940 年 7 月底至 8 月初，在中央政治局会议上，毛泽东指出，今后政治局必须加大力度来加强南方和日本占领区的工作，把开展敌后大城市工作作为党最重要的任务。沦陷区的党组织采取各种措施，加强自身的建设。沦陷区的党组织根据指导方针，在极其困难的条件下领导人民进行艰难的反日斗争。在党的领导下，沦陷区人民以多种形式进行反日斗争，配合敌后战场和国民党正面战场，打击敌人，为夺取抗战的最后胜利，作出了重要贡献。

4. 延安整风运动

（1）整风的准备

遵义会议以来，中国共产党制定了一条正确的路线，实行了一系列正确的方针政策，使党的工作取得了很大的成绩，但是党内还存在亟需解决的问题。抗战爆发前，中国共产党尽管已经有了两次胜利和两次失败的经验教训，但是党还缺乏经验，对中国社会和中国革命规律的了解还很肤浅，还不善于把马克思列宁主义的基本原理同中国革命的具体实际结合起来，

SHENG ME SHI XIN MIN ZHU ZHU YI GE MING

因而发生了右的和"左"的错误。虽然经过遵义会议，党从军事上、政治上纠正了以教条主义为特征的王明"左"倾错误，但还没来得及从思想上系统彻底清算这种错误，党的干部对这种错误的思想根源还缺乏深刻的认识。毛泽东等中央领导人在六届六中全会前后大力从事理论工作，把党的独创性的经验上升为科学理论，使党的理论建设和思想政治建设都出现了新的面貌。但是，党内的主观主义特别是教条主义，还经常存在。王明的"左"倾错误和右倾错误在党内仍有一定的影响，使党的事业受到了不应有的损失。同时，对抗战以来入党的大量新党员也需要进行一次马列主义的教育。

开展整风运动需要一定的主观和客观条件。此时，党已经形成了以毛泽东为核心的中共中央的正确领导；已经有了一批比较了解党的历史经验教训的骨干；党在思想上、理论上已经有了最基本的准备；抗日根据地处于相持阶段，八路军、新四军已在敌后站稳了脚跟。1941 年 5 月 19 日，毛泽东作了《改造我们的学习》的报告，提出在全党反对主观主义、进行马列主义教育的任务。9 月 10 日至 10 月 22 日，毛泽东在中共中央召开的政治局扩大会议上作反对主观主义和宗教主义问题的主题报告。绝大多数与会者发言表示拥护毛泽东的报告，认为在中央内部开展反对主观主义和宗派主义的斗争，对于党的路线的彻底转变有极大的意义。9月26日，中共中央决定成立中央学习研究组，在各地成立高级学习组，学习六大以来的历史，研究马克思列宁主义的思想方法论。中共中央编印了《马恩列斯思想方法论》和《六大以来》等学习文件，这为全党普遍整风作了重要的准备。

（2）整风的展开

1942年2月1日和8日，毛泽东分别作了《整顿党的作风》《反对党八股》的报告，全党范围的整风运动逐步展开。5月下旬，党中央又成立了以毛泽东为首的"总学习委员会"，作为整风运动的总指导机关。

整风运动的内容是反对主观主义、宗派主义、党八股。反对主观主义是为了整顿学风，是整风运动的中心内容。这关系到党的指导思想或者说思想路线问题，而思想路线又关系到党的政治路线是否正确，关系到党和革命事业的成败，所以它是"第一个重要的问题"。毛泽东根据张闻天的意见，将主观主义学风分为两种表现形式：一种是教条主义，一种是经验主义。毛泽东指出这两种表现都是错误的，既不能只掌握马克思主义的书本知识，不了解马克思主义的精神实质，不了解实际，只根据马克思主义理论来研究中国的革命实际，也不能只根据经验，把局部经验认为是普遍真理，那也是危险的。毛泽东指出，要学习马列主义，必须理论联系实际，坚持实事求是的原则，一切从实际出发，做到"有的放矢"。宗派主义是主观主义在组织关系上的一种表现，对党的事业危害极大，它妨碍党内的统一团结，妨碍党和全国人民的团结。为了克服宗派主义，必须坚持个人利益服从党的利益，局部利益服从集体利益，顾全大局，团结一致。党八股是主观主义和宗派主义在宣传上的表现形式，是一种反马克思主义的腐朽文风。它腐蚀人民思想，窒息革命精神，因此必须抛弃党八股，采取生动活泼、新鲜有力的马克思列宁主义的文风。

在全党整风运动中，毛泽东提出"惩前毖后"和"治病救人"的方针。对待党内思想上、政治上的毛病，一方面要严肃对待，开展批评与自我批评，反对自由主义；另一方面要坚持团结，反对鲁莽的态度和残酷斗争、无情打击的错误做法。这个方针可以概括为"团结——批评——团结"。

在整风过程中也出现了一点问题，那就是在审查干部时，把一些干部思想上、工作上的缺点错误或历史上未弄清楚的问题，怀疑成政治问题甚至是反革命问题，并采取"逼、供、信"等错误方法造成大批冤、假、错案。后经中央集体努力，终于扼制了"抢救运动"的错误，并对错案进行了甄别平反。

（3）整风的意义

整风运动是一次全党范围内的马克思主义的思想教育运动。通过整风运动，广大干部和党员进一步掌握了马列主义的普遍原理，从而大大提高了全党同志的马列主义水平。整风运动在一定程度上清除了主观主义、宗派主义和党八股的毒害，从思想上、政治上、组织上加强了全党在马列主义基础上的团结，为克服严重困难、争取抗日战争最后胜利奠定了坚实的思想基础。整风运动对于加强无产阶级政党的建设、增强党的战斗力，是一次成功的实践，是一个伟大的创举。

（四）夺取抗战最后胜利

1. 解放区战场的局部反攻

（1）抗战局势的新变化

1943 年至 1944 年，世界反法西斯战争的形势发生了根本性的变化。在欧洲战场，苏联红军在斯大林的直接指挥下，于 1942 年 11 月到 1943 年 2 月发动了著名的斯大林格勒保卫战，扭转了战局，奠定了苏联卫国战争胜利的基础。这是苏德战争的转折点，也是世界反法西斯战争的转折点。

在世界反法西斯战争形势发生转折的同时，中国共产党领导的敌后解放区战场经过长期的艰苦奋战，从 1943 年开始逐步扭转困难局面，在一些地区还开始了对日、伪军的攻势作战。华北各抗日根据地军民坚决进行反"扫荡"、反"蚕食"斗争，有力地打击了日、伪军，保卫和扩大了抗日民主根据地。在华中抗日根据地，敌后抗日军民开展艰苦的斗争，大力发展民兵和地方武装，促进了群众性游击战争的发展。党领导的人民武装力量逐步得到恢复与发展，作战能力得到提高，逐步掌握了战争的主动权。

（2）解放区军民开始局部反攻

在国际反法西斯战争胜利发展的同时，解放区战场也由战略相持转入局部反攻。从 1944 年开始，各解放区军民先后开展了对敌人的局部反攻，取得了辉煌的战绩，发展壮大了军队和抗日根据地，并不断开辟新的解放区。1944 年，八路军、新四军共对敌作战 2 万多次，毙伤日、伪军 33 万人，收复县城 16 座，攻克敌人据点 5000 多个，新解放 8 万多平方公里的国土和 1200 万人口。1945 年 4 月，八路军、新四军和华南抗日纵队的主力已经发展到 91 万人，民兵发展到 220 万人，建立了 19 个抗日根据地。解放区的发展和扩大，为全面反攻创造了有利条件。

2. 中共七大

（1）七大召开

1944 年春，随着世界反法西斯战争和中国抗日战争的推进，中国共产党提出成立民主联合政府的主张，在国内外引起强烈反响。在这种情况下，为团结全党和全国人民，粉碎美蒋妄图在中国实行法西斯独裁统治的阴谋，夺取抗日战争的最后胜利，中国共产党于 1945 年 4 月 23 日至 6 月 11 日在延安召开了具有伟大历史意义的第七次全国代表大会。出席大会的正式代表 547 人，候补代表 208 人，毛泽东在会上作《论联合政府》的政治报告，朱德作《论解放区战场》的军事报告，刘少奇作《关于修改党章的报告》，周恩来作《论统一战线》的重要讲话。最后会议选举了新的中央委员会。

中共七大提出党的政治路线是"放手发动群众，壮大人民力量，在我党的领导下，打败日本侵略者，解放全国人民，建立一个新民主主义的中国"。首先，七大指出我们要建立的新中国是工人阶级领导下各革命阶级民主联盟的国家，即新民主主义的国家。其次，指明当时全党和全国人民的奋斗目标就是打败日本侵略者，废除国民党的一党专政，建立民主联合政府。再次，发展群众，壮大人民力量，是实现上述目标的根本途径。七大强调要允许资本主义在新民主主义社会中得到比较大的发展，并且首次明确提出要以生产力标准来评判一个政党的历史作用。七大深刻地解释中国民主主义革命发展的规律，对党领导中国革命的三项基本经验，即武装斗争、统一战线、党的建设问题进行了系统的总结。为了加强党的领导、实现党的任务，全党务必进一步发扬理论联系实际、密切联系群众、批评与自我批评的优良作风。这是中国共产党区别于其他任何政党的显著标志，是使党的路线、方针、政策得以顺利贯彻的根本保证。大会还通过了新的党章，首次确定了毛泽东思想为党的指导思想。党章规定："中国共产党，以马克思列宁主义的理论与中国革命实践之统一的思想——毛泽东思想，作为自己一切工作的指针。反对任何教条主义和经验主义的偏向。"新党章还明确提出群众路线是党的根本政治路线，也是党的根本组织路线。新党章还强调了健全党的民主集中制问题，具体规定了党员的权利和义务，批评了违背民主集中制的个人专制主义倾向和极端民主化倾向。

党的七大是中国共产党在新民主主义革命时期极其重要的一次代表大会，也是最后一次代表大会。它总结了中国新民主主义革命20多年来曲折发展的历史经验，制定了正确的路线、纲领和策略，使全党的认识在马列主义、毛泽东思想的基础上统一起来，达到了全党的空前团结，从而为党领导人民争取抗日战争的胜利和新民主主义革命在全国的胜利，奠定了多方面的坚实基础。

（2）毛泽东思想历史地位的确立

确立毛泽东思想为党的指导思想并写入党章，是七大的历史性贡献。中国共产党成立后，以毛泽东为主要代表的中国共产党人，经过 20 多年的探索，把中国革命实践中的一系列独创性经验进行科学概括，并上升为全党的指导思想。这就是马克思列宁主义基本原理和中国革命实际相结合的伟大理论成果——毛泽东思想。毛泽东思想系统地回答了中国革命的性质、动力、发展道路、奋斗目标和领导力量等一系列基本问题，堪称"中国人民完整的革命建国理论"。

毛泽东思想这一科学概念的形成，经历了一个过程。1941 年 3 月，张心如最早提出"毛泽东同志的思想"的提法。一些领导同志也在论述毛泽东的理论文章中，使用了具有命名意义的提法。1942 年 7 月 1 日，朱德在《解放日报》发表《纪念党的二十一周年》的文章，使用了"中国化的马列主义的理论"的提法。1943 年 7 月 4 日，刘少奇的《清算党内的孟什维主义思想》一文中，使用了"毛泽东同志的思

MA LIE ZHU YI CHANG SHI GONG MIN DU BEN

想"和"毛泽东同志的思想体系"两个提法。王稼祥是提出毛泽东思想科学概念的第一人。1943 年 7 月 5 日，王稼祥在《中国共产党与中国民族解放的道路》一文中，首先使用"毛泽东思想"这一概念，指出"毛泽东思想就是中国的马克思列宁主义"。刘少奇是系统阐述毛泽东思想的第一人。他在七大作《关于修改党章的报告》，全面阐述了毛泽东思想，包括毛泽东思想形成的历史必然性和条件、毛泽东思想科学概念的内涵、毛泽东思想的主要内容、毛泽东思想的指导作用等。七大第一次提出了"党的指导思想"，七大党章指出："毛泽东思想，就是马克思列宁主义的理论与中国革命的实践之统一的思想，就是中国的共产主义，中国的马克思主义。"

毛泽东是毛泽东思想的主要创立者。在中国革命的斗争过程中，他以中国革命实际为基础，将辩证唯物主义与历史唯物主义运用在中国共产党的全部工作中，形成了具有中国共产党人特色的立场、观点和方法，创造性地发展了马克思列宁主义，提出了系统完整的关于中国革命的战略策略和路线方针政策。毛泽东思想是马克思列宁主义在中国的运用和发展，是被实践证明了的适合中国革命和建设的正确的理论原则和经验总结，是中国共产党集体智慧的结晶。七大之后，全党同志在毛泽东思想的指引下，团结一致，为推进中国革命的进程而努力奋斗。

3．抗日战争的最后胜利

（1）解放区战场进入全面反攻

1945 年 5 月 2 日，苏军攻克柏林。8 日，德国法西斯无条件投降。这时，为了给日本以致命打击，亚洲太平洋战场继续发动对日本的攻势。7 月 26 日，中、美、英三国共同发表了《波茨坦公告》，8 月 6 日和 9 日，美国先后在日本广岛和长崎投下原子弹。8 月 8 日，苏联政府宣布对日作战。8 月 9 日，苏联军队从东、西、北三面进入中国东北，向日本关东军大举进攻，加速了日本法西斯的覆灭。同样在 8 月 9 日，毛泽东发表《对日寇的最后一战》的声明，号召全国一切抗日力量举行全国规模的大反攻。8 月 10 日，日本政府被迫发出乞降照会。10 日、11 日，朱德总司令向各解放区部队发布受降命令，命令抗日部队向日本及其指挥机关发出最后通牒，限期投降，如遇抵抗，坚决予以消灭。8 月 15 日，日本天皇裕仁颁发了"停战诏书"，宣布无条件投降。9 月 2 日，日本外相重光葵和日军参谋总长梅津美治郎代表日本天皇、政府和参谋本部在投降书上签字。至此，中国抗日战争胜利结束，世界反法西斯战争也胜利结束。

（2）抗日战争取得伟大胜利

中国的抗日战争，是世界反法西斯战争的重要组成部分。中国战场是反对日本法西斯侵略的东方主战场，中国抗战牵制了日本大部分陆军与海军，减轻了苏、美、英的压力。太平洋战争爆发后，中国继续在战略上有力配合和援助了世界各国人民的反法西斯战争。

中国共产党在全民族抗战中发挥了中流砥柱的作用。党积极倡导、促成、维护抗日民族统一战线，最大限度地动员全国军民共同抗战，成为凝聚全民族力量的杰出组织者和鼓舞者。以毛泽东为主要代表的中国共产党人，把马克思列宁主义基本原理同中国具体实际相结合，科学阐明了抗日战争的规律和进程，制定了正确的战略和策略，对抗日战争发挥了重要指导作用。

中国人民巨大的民族觉醒、空前的民族团结和英勇的民族抗争，是中国人民抗日战争胜利的决定性因素。抗日战争唤起了全民族的危机意识和使命意识。中国共产党最大限度地调动起全国人民的抗日积极性。在抗日战争中，军队和民众相结合，武装斗争与非武装斗争相结合，前方斗争和后方斗争相结合，公开斗争与隐蔽斗争相结合，使日本侵略者陷入了人民战争的汪洋大海之中。国民党的爱国官兵也为反对日本的侵略作出了贡献。

中国人民抗日战争的胜利，也是与世界所有爱好和平正义的国家和人民、国际组织以及各种反法西斯力量的支持分不开的。苏联、美国、英国等向中国提供了经济和军事援助。许多国家的反法西斯战士直接参加了中国人民的抗日战争，为中国人民的解放事业奉献了鲜血甚至生命。

中国共产党领导人民武装坚持独立自主的抗日游击战争，及时而勇猛地向敌战区进军，放手发动人民群众，建立抗日根据地，开辟了广大的敌后战场，成为取得抗战胜利的决定因素。

中国人民的抗日战争是"战争史上的奇观、中华民族的壮举、惊天动地的伟业"。抗日战争是近百年来中国人民第一次取得完全胜利的伟大的民族解放战争，是共产党领导的新民主主义革命历程中一个重要的阶段。抗日战争的胜利，促进了中国共产党的成长成熟，铸就了伟大的抗战精神和民族精神，极大地推动了中国社会的历史进程，为新民主主义革命的彻底胜利奠定了坚实基础。

五、解放战争

（一）争取实现和平民主的特殊阶段

1. 抗日战争胜利后的复杂形势

抗日战争胜利后，中国面临着两种命运、两个前途的斗争。一种是独立、民主、富强的新国家的光明前途，另一种是国民党一党专政的半殖民半封建社会的黑暗前途。为争取走向光明的前途，中国共产党领导广大人民同国民党专制集团展开了复杂而激烈的斗争。

国内外政治形势的重大变化，使党面临着错综复杂的局面。国际上，资本主义世界的总体力量有所下降，各国人民的革命力量空前壮大。战后国际阶级力量对比的变化，为世界各国人民的解放事业开辟了胜利的道路，也为中国人民的革命斗争创造了有利的国际条件。在国内，中国人民的革命力量空前发展，共产党在全国人民中的威信日益提高。但是，以蒋介石为首的国民党统治集团控制着全国政权，其秉承的战后方针是"或文或武"，"这两条道路，任取其一，都足以解决中共问题"。

战后，美国的经济实力和军事实力日益膨胀，竭力推行反革命的全球战略，妄图称霸世界。美国的对华政策是继续扶蒋反共。一方面，美国企图对共产党采取和平手段加以溶共，另一方面打算利用苏联的影响迫使中共就范。经过第二次世界大战，虽然苏联军事实力上有所增强，但是综合国力仍不如美国。苏联领导人过高地估计了国民党的力量，低估了中国人民的革命力量，片面强调妥协，不敢向美帝国主义作坚决的斗争。苏联甚至与国民党政府签订了《中苏友好同盟条约》，表示支持国民党统一中国，为中国革命斗争增添了复杂因素。抗战胜利后，蒋介石仍拥有相当大的优势，企图独吞抗战胜利果实，发动全面内战，消灭共产党。

上述情况表明，随着抗日战争的胜利结束，中国人民同美国支持的蒋介石代表的大地主大资产阶级之间的矛盾上升为中国社会的主要矛盾。在错综复杂的国内外时局面前，如何正确解决这一矛盾，是新的历史时期党所面临的首要问题。

2. 争取和平建国

（1）提出和平、民主、团结方针

在抗战胜利后的重要历史关头，中国共产党通过对国际、国内形势的深入分析，提出了正确的指导方针和斗争策略，从而及时地为全国人民指明了前进方向。

日本的乞降照会刚一宣布，国民党就在美国的支持下，疯狂地抢夺抗战的胜利果实。8月13日，毛泽东在延安干部会议上作了《抗日战争胜利后的时局和我们的方针》的报告，科学地预测了时局发展的趋势，提出了党的斗争策略。8月23日，中共中央政治局召开扩大会议，讨论同国民党进行谈判的问题。会议认为，战后国际国内的局势都将朝着有利于和平的方向发展，同国民党进行谈判，争取通过和平的途径实现中国的社会政治改革是必要的，也是有可能的。会议决定，先派周恩来前往重庆，随后毛泽东再去谈判。8月25日，中共中央发表《对目前时局的宣言》，明确提出我党的口号是"和平、民主、团结"，以此作为党在新时期的方针。

（2）重庆谈判

蒋介石在抗战胜利后疯狂掠夺人民的胜利果实，积极准备发动内战，但是中国人民解放军和解放区力量强大，大后方人民反对内战，加之进攻解放区还需要一定的时间准备，因此，蒋介石于 8 月 14 日、20 日、23 日三次电邀毛泽东赴重庆谈判。8 月 28 日，毛泽东、周恩来、王若飞乘专机抵达重庆。社会各界群众表示热烈欢迎，毛泽东不顾个人安危，亲赴重庆谈判，引起举国欢腾，许多人进一步了解到中国共产党谋求和平的真诚愿望，舆论界给予了热烈的赞誉。重庆谈判从 8 月 29 日开始，到 10 月 10 日结束。这期间，毛泽东同蒋介石就国共两党关系的重大问题进行了多次商谈。有关国内和平问题的具体谈判，是在中共代表周恩来、王若飞同国民党政府代表王世杰、张群、张治中、邵力子之间进行的。

谈判斗争的焦点集中在军队和解放区的政权问题上，为了使谈判能够获得进展，中共代表就解放区政权和军队问题先后作了多次让步，但仍不能满足国民党方面的要求，国民党以"政令军令统一"为借口，企图取消中共领导的人民军队和解放区，中共代表严词拒绝。为促使谈判达成协议，宣传和阐明中共的政治主张，毛泽东会见了宋庆龄、冯玉祥、谭平山等国民党进步人士，会见了张澜、沈钧儒、黄炎培等民主党派负责人，还会晤了孙科、于右任、何应钦等国民党高级军政人员，会晤了苏联大使彼得罗夫、美国大使赫尔利以及英国、法国、加拿大等国的驻华使节。与此同时，周恩来多次举行有各方面人士参加的座谈会，会见各界代表。通过这些活动，中共的主张得到各界人士的理解、支持和同情。在重庆谈判期间，解放区军民还打退了国民党军队的两次进攻，有力地支持了谈判斗争。

1945 年 10 月 10 日，国共双方代表共同签订了《政府与中共代表会谈纪要》，国民党被迫承认了中共提出的和平建国方针，同意召开政治协商会议商议和平建国方案；承认各党派在法律面前一律平等；确认国民党结束"训政"，实现民主化。但是对于解放区政权合法地位等问题还未能达成协议。《会谈纪要》签订后，10 月 11 日，毛泽东返回延安，周恩来、王若飞在重庆继续谈判。11 月 5 日，周恩来返回延安，谈判告一段落。

3. 调整战略部署

国民党政府虽然迫于形势，承认了"和平建国"的方针，但它仍然企图通过发动内战来消灭人民革命力量。国民党的如意算盘是完全占领长江以南地区，同时以重兵夺取苏皖北部及华北战略要地和交通线，以分割、压缩各解放区，并打开进入东北的通道，然后依据中苏条约的有关规定，出兵占领全东北。

抗日战争结束时，根据当时全国各地区的形势，东北的战略地位日趋重要。1945年6月19日，刘少奇在取得毛泽东、周恩来的赞同后，为中共中央起草并发出致各中央局的《目前任务和战略部署》的指示，提出了"向北发展，向南防御"的战略方针。向北发展，即全部控制热河、察哈尔两省，力争控制东北。向南防御，即收缩战线，集中兵力，准备对付国民党的大举进攻，保证向北发展的实施。为此，中共中央从山东军区、新四军及晋冀鲁豫、晋察冀、晋绥等军区和延安总部，先后派出中央委员10人，候补中央委员10人等2万名干部和11万人部队迅速开往东北，成立以彭真为书记的东北中央局和以李富春为书记的冀热辽中央局。派山东分局书记罗荣桓和黄克诚率山东部队和新四军8万人，连同其他地区部队共11万人挺进东北。10月31日，进入东北的部队和东北人民自卫军统一组成东北人民自治军。为了适应新的形势，加强党的领导，中共中央还调整和健全了各大地区党的领导机构。在调整战略布局、编组野战兵团的同时，中共中央、中央军委指导各大军区、各野战军自10月起，为控制平绥、平汉、津浦和同蒲四条铁路干线，开始了保卫解放区的作战。人民军队从日、伪军手中收复失地，并对国民党军队的进攻进行了必要的自卫反击。到 1946 年 1 月，解放区已经拥有 239.1 万平方公里土地，1.49 亿人口，506 座城市。人民革命力量得到进一步的发展壮大。

（二）粉碎国民党的战略进攻

1. 从自卫战争到解放战争

（1）自卫战争的部署

1946 年 6 月 26 日，蒋介石撕毁停战协定和政协协议，大举进攻中原解放区，相继在晋南、苏皖边、鲁西南、胶济路及其两侧、冀东、绥东、察南、热河、辽南等地，向解放区发动大规模进攻，全面内战爆发。蒋介石狂妄地宣称，只需三个月到六个月，就可以结束战争。国民党军参谋总长陈诚也吹嘘道："也许三个月至五个月便能解决中共军队。"

全面内战开始时，国民党在军队数量、军事装备、后备资源及外来援助等方面都明显超过中国共产党。国共双方兵力对比为 3.4：1。国民党军队接收了投降日军的大部分装备，又得到美国政府庞大的军事援助，人民解放军的武器装备基本是"小米加步枪"。国民党政府当时拥有全国大部分近代工业和人力物力资源，解放区基本依靠传统的农业经济。国民党得到美国的支持，而中国共产党没有得到国际上任何公开的支持。对于人民革命力量来说，战争初期的形势相当严峻。

在敌我力量悬殊的情况下，中国共产党清醒地估计了国际国内形势，坚定地指出：我们不但必须打败蒋介石，而且能够打败蒋介石。必须打败蒋介石是因为蒋介石发动的战争是在美帝国主义支持下的反对中华民族独立和中国人民解放的反革命战争，它将使中国变成黑暗世界，中华民族的前途被断送。能够打败蒋介石是因为蒋介石的军事优势是美国的援助，只能是暂时的，而且蒋介石发动的是反人民反革命性质的战争，必然会遭到包括国民党统治区在内的全国人民的反对，人民解放军的战争具有爱国的正义性质，必然获得全国人民的拥护，这是战胜蒋介石的政治基础。

针对一些人对国际形势的悲观估计，1946 年 8 月，毛泽东在同美国记者安娜·路易斯·斯特朗的谈话中提出"帝国主义和一切反动派都是纸老虎"的著名论断。毛泽东对于国内外形势特别是对于反动派本质的分析，从理论上武装了中国共产党和中国人民，极大地增强了他们同帝国主义支持的国民党反动派作斗争的勇气和信心。

为了能够以劣势兵力挫败国民党军队的进攻，争取自卫战争的胜利，实现国内和平，中共中央在军事上、政治上、经济上确定了一系列正确的、富有远见的方针和政策。在政治方面，中共中央指出，为粉碎国民党的进攻，必须做到放手发动群众，团结一切可以团结的力量，建立最广泛的民族民主统一战线。在军事方面，必须实行"集中优势兵力，各个歼灭敌人"的作战方针。在经济方面，中共中央提出，必须一切依靠自力更生，作持久打算。在上述方针的指导下，解放区军民奋起反击国民党的军事进攻，在自卫战争中不断地赢得胜利。

（2）战争初期的作战

全面内战爆发后，蒋介石企图速战速决，采取全面进攻解放区的方针。1946 年 6 月底，蒋介石命令 22 万优势兵力进攻中原解放区。中原解放区主力在李先念、郑位三率领下冲破敌人的重重包围，于 7 月到达陕南，于 8 月初成立鄂豫陕军区，执行创建游击根据地的任务。一部在王震率领下转入陕北，另一部在皮定均指挥下进入苏皖地区，胜利地粉碎了敌人的围歼计划。解放军在苏中、晋南、山东、山西、晋察冀、东北等地区歼灭了大量敌人，给敌人以沉重打击。

1946 年 7 月到 10 月，在全面内战爆发的初期，共产党领导的人民军队共歼敌近 30 万人，人民解放军损失约 12 万余人。虽然国民党占领的解放区县城153 座，数量远高于解放军收复和攻占的县城 48 座，但是国民党失去了人心，战争的形势正在向着有利于人民解放军的方向发展。中共中央认真研究战争初期的军事形势变化，毛泽东在 1946 年 10 月 1 日起草党内指示，对全面内战爆发后的作战进行总结，并且指出：改变敌我形势和争取战争胜利的关键，在于继续大量歼灭国民党军队的有生力量，使军事力量的对比发生重大变化；集中优势兵力，各个歼灭敌人，是唯一正确的作战方法。这个指示，对统一全党全军的思想，争取在此后一段时间内从根本上改变战局，起到了极为重要的作用。

2. 防御作战的重大胜利

（1）打破全面进攻

根据中共中央在延安召开政治局会议的指示，人民解放军继续依托解放区，实行内线作战，并逐步扩大战役规模，力求大量歼灭国民党军队的有生力量，以促进革命高潮的到来。

在华东战场，华中野战军和山东野战军主力会合后，于 1946 年 12 月中旬在宿迁、沭阳、新安镇之间举行宿北战役，一举歼灭国民党军队三个半旅 2 万余人。在晋冀鲁豫战场，刘邓大军先后举行了郓城战役、滑县战役、巨金鱼战役和豫皖边战役。陈赓、谢富治指挥的另一部主力在晋西南举行吕梁战役、汾孝战役。在晋察冀战场，由聂荣臻指挥的晋察冀军区部队，先后进行了易满战役和保南战役，粉碎了国民党军队分割晋察冀解放区的企图，为扭转华北战局奠定了基础。东北战场上，东北民主联军于 1946 年 10 月底至 11 月初，在南满解放区采取诱敌深入的方针，举行新开岭战役，歼灭国民党军第二十五师 8000 余人。接着，南满分局书记兼南满军区政治委员陈云和南满军区司令员肖劲光等指挥的南满军区部队，粉碎了国民党军队对南满解放区的进攻，东北国民党军队全面转为守势。至此，人民解放军打破了国民党的全面进攻。

（2）挫败重点进攻

蒋介石在全面进攻失败以后，从 1947 年 3 月开始，将全面进攻改为向陕北、山东两翼重点进攻。

3 月 13 日，蒋介石命令胡宗南亲自指挥约 25 万人对陕甘宁边区发动大规模进攻。为粉碎敌人对陕甘宁边区和西北解放区的进攻，用战斗保卫和发展解放区和人民力量，中共中央决定，党中央和解放军主力于 3 月 19 日暂时撤离延安，毛泽东、周恩来、任弼时率党中央留在陕北，指挥西北和全国的解放战争。刘少奇、朱德、董必武等率一部分中央机关人员转移到华北，组成中央工作委员会，刘少奇为书记，"进行中央委托之工作"。叶剑英、杨尚昆等组成中央后方委员会，转移到晋西北统筹后方工作。党中央和解放军总部留在陕北的决定，对于粉碎国民党的重点进攻起了重大作用。西北人民解放军撤出延安后，按照中央军委和毛泽东确定的"蘑菇战术"，与胡宗南部在陕北高原盘旋打转，并于 3 月 25 日、4 月 14 日、4 月底 5 月初，连续进行了青化砭、羊马河、蟠龙三次歼灭战，共歼灭胡宗南部 1.4 万余人，基本上稳定了陕北战局。

国民党对山东的重点进攻开始于 1947 年 3 月下旬，蒋介石率国民党军约 45 万人的兵力，妄图将华东解放军逼到沂蒙山区或胶东地区加以歼灭，以解除对京沪的威胁。华东解放军在陈毅、粟裕指挥下，4 月下旬在沂蒙山区歼敌约 2 万余人。5 月中旬又进行了孟良崮战役，全歼蒋介石嫡系精锐整编第七十四师 3.2 万人，击毙师长张灵甫。此次战役的胜利，沉重打击了敌军对沂蒙山区的进攻，扭转了山东战场的局面。7 月，敌军被迫西撤。至此，敌人对山东的重点进攻被粉碎。

当敌军集中兵力于陕北、山东两翼之际，东北、热河、冀东、豫北、晋南的解放区军民，对收缩兵力、转入守势的国民党军队实施战略性的反攻。从1946 年到 1947 年 6 月，人民解放军在第一年度的内线作战中，共歼灭国民党军 112 万人，为解放战争从战略防御转入战略进攻，进而把中国革命推向新的高潮，奠定了胜利的基础。

3．发展第二条战线

内战爆发后，蒋介石不仅在军事上连遭挫败，而且其统治区的经济状况也急剧恶化，危机不断加深。

抗战胜利后，中国官僚资本逐渐控制整个社会的经济命脉，使民族工商业日趋凋敝，国民经济处于严重萎缩状态。国民党为满足扩大内战的需要，大量增加军费开支，导致整个财政入不敷出，陷入危机。在这种情况下，国民党政府没有进行经济上的改革，并对内战进行反省，反而加强了对各阶层人民的盘剥，不断征收苛捐杂税，加紧对经济的统制以应对经济危机，造成了国统区的社会大震荡。蒋介石政府为了取得美帝国主义的大量军事和经济援助，以摆脱危机，继续内战，与美国先后签订了多项条约、协定。1946年 11 月 4 日同美国签订的《中美友好通商航海条约》

即《中美条约》，就是这些卖国条约的最集中体现。蒋介石通过这些条约和协定，把中国的主权出卖给美国，使国民党统治区进一步殖民地化。美国的独占资本与四大家族的官僚买办资本紧紧地结合在一起，进一步控制了中国的经济命脉。由于外国资本和官僚资本的压榨掠夺，中国民族工业大批破产，工人大批失业，恶性通货膨胀导致物价飞涨，经济陷入一片混乱，国统区人民处于水深火热之中。这也使国民党陷入了严重的政治、经济危机之中。危机的日益加深，又引起各阶层人民的不满和反抗，国统区民怨沸腾，人民革命高潮正在兴起。

由于经济危机和政治危机愈演愈烈，国民党为维护其统治，加强了对人民运动的镇压。根据中共中央关于国民党统治区工作方针和斗争战略的指示，中共上海中央局和中共晋察冀中央局城工部指导部署了上海、南京、北平、天津等城市的人民革命运动。由于国民党政府把大量教育经费挪用于内战，国民党统治区的教育危机越来越严重。1947年5月20日，宁、沪、苏、杭16个专科以上的学校5000余名学生在南京游行示威，被军警打伤逮捕百余人，造成了"五二〇血案"。血案发生后，在中共组织的引导和推动下，学生斗争进一步发展为"反饥饿、反内战、反迫害"运动，运动扩大到60多个大中城市。学生运动的高涨，推动了国民党统治区工人、农民、市民斗争的发展，也推动了台湾省、新疆地区反抗国民党运动的发展。

人民解放军的军事斗争和国民党统治区人民运动紧密结合，使中国共产党领导的统一战线更加广泛，更加巩固。国民党统治却陷入孤立的境地，整个中国革命朝着胜利的方向继续前进。正如毛泽东在 1947 年 5 月 30 日为新华社写的评论中所指出的"中国境内已有了两条战线。蒋介石进犯军和人民解放军的战争是第一条战线。现在又出现了第二条战线，这就是伟大的正义的学生运动和蒋介石反动政府之间的尖锐斗争"，"蒋介石已处于全国人民的包围之中"。

（三）解放战争的历史转折

1. 人民解放军转入战略进攻

解放战争第一年结束后，敌我力量发生了重大变化。国民党军队的总兵力已由战争开始时的 430 万人减少到 373 万人，人民解放军总兵力由 127 万人增加到 195 万人。解放军在粉碎国民党军队的全面进攻后，又挫败其对山东、陕北的重点进攻，并在晋冀鲁豫、晋察冀、东北战场转入局部反攻。

但是在战争第二年开始的时候，人民解放军仍然面临着严峻的形势。军事上，解放军在人数和装备上仍处于劣势。由于战争深入解放区，许多地方的生产遭到破坏，人民生活困苦，解放军的人力、物力补给困难。国民党决心采用更残暴的手段，镇压爱国运动，搜刮广大群众，继续重点进攻山东和陕北解放区，力图迅速结束这两个地区的战事，再转战其他地区。中共中央针对国民党的战略部署，重新制定了作战方针，决定不等完全粉碎国民党军队的重点进攻和人民解放军的总兵力超过敌军，就"以主力打到外线去，将战争引向国民党区域"，迫使敌人转入战略防御，改变敌我攻防形势，将中国革命推向新高潮。

人民解放军各路大军按照中共中央的部署，在1947年7月至9月相继由内线转向外线，由战略防御转入战略进攻。战略进攻的主要方向是中原地区。1947年6月30日，晋冀鲁豫野战军在刘伯承、邓小平率领下，在鲁西南强渡黄河，揭开了战略进攻的序幕。接着向南实行无后方的千里跃进，8月末进入大别山。在中原局的领导下，刘邓大军经过艰苦斗争，到11月下旬，共歼敌3万余人，并发动群众建立了33个县的民主政权，初步完成了在大别山区的战略展开，恢复和发展了中原解放区，直接威胁着南京、上海、武汉等国民党统治的心脏地区。

8月下旬，陈赓、谢富治率领的晋冀鲁豫野战军太岳兵团，在晋南强渡黄河，挺进豫西。经过3个月的作战，先后歼敌5万余人，建立陕南、豫陕鄂根据地，孤立了敌人的豫西重地洛阳。

9月9日，陈毅、粟裕率领华东野战军主力在菏泽以东的沙土集全歼国民党军队一个整编师，之后挺进鲁西南地区，后进入豫皖苏平原，实行分散作战。11月中旬，建立起25个县的民主政权，扩大了豫皖苏解放区，并完成了在这一地区的战略展开。

人民解放军三路大军布成"品"字阵势，在中原经历了四个月的战斗，共歼灭国民党军队19.5万人，解放县城近百座，吸引和调动南线敌军全部兵力90个旅于自己周围，对于整个战争的胜利起到了决定性的作用。同时，西北解放军在8月转入反攻，东北解放军从9月开始发起大规模的秋季攻势，山东解放军转入全面反攻。华北解放军在朱德的指挥下，10月取得清风店战役的胜利，转入反攻。各战场人民解放军在内线和外线配合作战，构成人民解放战争全国规模的战略进攻的总形势。1949年国民党军队由战略进攻转为全面防御，使解放战争进入了一个新的阶段，标志着中国革命战争已经达到一个新的历史转折点。毛泽东指出："这是一个历史的转折点。这是蒋介石的二十年反革命统治由发展到消灭的转折点。这是一百多年以来帝国主义在中国的统治由发展到消灭的转折点。""这个事变一经发生，它就将必然地走向全国的胜利。"

2. 夺取全国胜利革命纲领的制定实施

为了正确认识解放军从战略防御转入战略进攻的新形势，制定党的行动纲领，夺取人民解放战争的胜利，1947 年 12 月 25 日至 28 日，中共中央在陕北米脂县杨家沟举行了会议，即"十二月会议"。会议由毛泽东、周恩来、任弼时主持。与会人员分为政治、军事、土地小组，对有关问题进行了充分的酝酿和讨论。毛泽东在会上作了《目前形势和我们的任务》的报告，分析了国际国内形势，深刻阐述了中国共产党在军事、经济、土地改革、政治方面的基本政策，提出今后夺取全国胜利的各项任务。

军事方面，毛泽东总结了解放军长期作战的经验，特别是解放战争中的新经验，提出了著名的十大军事原则。十大军事原则是毛泽东关于人民战争战略战术思想的结晶，是对马克思列宁主义军事学说的重大贡献。经济方面，毛泽东论述了党在新民主主义革命时期的三大经济纲领，即没收封建地主阶级的土地归农民所有，没收垄断资本归新民主主义的国家所有，保护民族工商业，并且详细地阐明了实现这三大经济纲领的一系列具体政策。毛泽东进一步阐述了土地制度改革的重要性，提出了土地革命的路线是：依靠贫农，巩固联合中农，消灭地主阶级和旧式富农的封建的和半封建的剥削制度。政治方面，毛泽东在报告中阐明了党在解放战争时期的政治纲领，即"联合工农兵学商各被压迫阶级、各人民团体、各民主党派、各少数民族、各地华侨和其他爱国分子，组成民族统一战线，打倒蒋介石独裁政府，成立民主联合政府"。并指出，没有一个包括全民族绝大多数人口的最广泛的统一战线，革命的胜利是不可能的。

毛泽东的报告，是中国共产党在打倒蒋介石反动统治集团、建立新民主主义中国的整个时期内，在政治、军事、经济各方面的纲领性文件。它进一步丰富和发展了新民主主义理论。党的十二月会议，是党转入战略进攻以后召开的一次重要会议，在军事、政治、思想上为夺取解放战争的胜利作了充分的准备。

自 1948 年 1 月起的几个月时间内，中共中央集中全力解决新形势下关于土改、整党、工商业、统一战线、新区工作等方面的具体政策和策略问题，注意纠正党内的错误偏向，主要是"左"的偏向。同时注意加强党的集中统一领导，强化政权建设和统一财经工作。

3. 人民解放军战略进攻的进一步展开

为了巩固战略成果和加速战争取得最后的胜利，人民解放军在中共中央指挥下继续执行将战争引向国民党统治区的方针，在各战场相继展开新的强大攻势。国民党害怕解放军立足中原，进而南进或进入四川，因此，把中原作为重点战场，集中大量兵力于中原战场。由于国民党在中原还有一定的优势，中原解放军特别是大别山的刘邓大军，处境困难。中共中央决定中原的一部分部队继续向长江以南挺进，以便调动和分散国民党中原军队，然后集中优势兵力在中原将国民党部队分批歼灭。

1948 年 5 月，中共中央为加强中原局，任命邓小平为第一书记，陈毅为第二书记，邓子恢为第三书记。并决定成立中原军区，刘邓大军及陈谢部队统一改为中原野战军，刘伯承任中原军区及中原野战军司令，邓小平任政治委员，陈毅任中原军区第一副司令员。华东野战军代司令员和代政治委员粟裕根据具体作战形势，在征得中央同意后率部队暂缓渡江。6 月中旬至 7 月初，粟裕率华东野战军，在中原野战军的配合下，进行了豫东战役，歼敌 9 万余人，俘敌兵团司令官区寿年。这次大规模、长时间的兵团作战胜利打破了国民党军队在中原解放区的防御体系，为之后进行的济南战役和淮海决战创造了有利的条件。人民解放军在外线的中原战场进行作战的同时，也在内线各战场展开了强大的攻势，山东、东北、平津、保三角、晋南、晋冀鲁豫、陕北等地区都进行了内线作战。人民解放军在进入战略进攻的一年间，共歼灭国民党军队 152 万人，收复和解放拥有 3700 万人口的 15.6 万平方公里土地和 164 座中小城市，为进行战略决战创造了有利条件。

（四）新民主主义革命取得胜利

1. 国共战略大决战

（1）九月会议

1948 年，全国的政治、军事、经济形势发生了重大的变化，不断趋利于人民。国民党军队减少到 365 万人，用于第一线的兵力仅 174 万人，而且军心动摇，士气低落，被人民解放军分别钳制在东北、华北、西北、中原、华东五个战场。人民解放军已经发展到 280 万人，其中野战军 149 万人，且装备上有了很大改善，部队政治觉悟和军事素质都有了提高。解放区的土地面积已经达到 235 万平方公里，人口达 1.68 亿。土地改革基本完成，广大农民的革命和生产积极性空前高涨，使人民解放战争获得了源源不断的人力、物力资源。而国民党则在政治上陷于孤立，经济上处于崩溃的状态。

国民党统治集团为了挽回颓势，于 1948 年 8 月 3 日至 7 日在南京召开军事检讨会，制定了一系列挽救措施，进行最大限度的抵抗和挣扎。1948 年 9 月 8 日至 13 日，中共中央在西柏坡召开政治局扩大会议。会议要求各解放区在战争第三年打更大规模的歼灭战。军事上，人民解放军仍然全部在长江以北、东北作战，并准备打若干次决定性的大会战，力求歼灭更多国民党军队，将全国的作战重心放在中原。政治上，为成立中央政府作准备。经济上，恢复和发展解放区生产，支援战争。会议还讨论了有关党的建设的问题，指出党内存在的一些问题，提出关于健全党委制的决定，以加强党的纪律性，建立正常的党内民主生活。毛泽还依据战争形势发展的需要，提出了人民解放军应"有计划地走向正规化"的问题。中共中央和中央军委在会后发出《关于统一全军组织及部队番号的规定》，使部队逐步走向正规化。九月会议为人民解放军与国民党军队进行战略决战，为最后打倒蒋介石，有计划、有组织地夺取新民主主义革命胜利，从思想上、政治上、组织上做了重要的准备。

（2）三大战役

1948 年，东北战场成为全国战局发展的关键。

因为它既可以粉碎敌人的战略收缩企图，又可以使东北人民解放军有时间转入关内作战，还可以给人民解放军提供战略供给。当时，东北战场夺取决战胜利比较有把握。东北解放区拥有该地区 97％以上的土地和 86％以上的人口，并控制 95％的铁路线，后方巩固，支援战争的物质力量雄厚。东北国民党的军队共有 55 万，解放军则有 100 万，而且国民党军被分割压缩在长春、沈阳、锦州三个孤立的地区，供给困难。东北战场形势对人民解放军最为有利，已经具备条件进行战略决战。

1948 年 9 月、10 月，中共中央向东北解放军发出指示，命令东北解放军迅速南下北宁线，重点攻击重镇锦州。因为攻占锦州是东北"整个战局的关键"。东北野战军司令员林彪、政委罗荣桓按照党中央的战略部署，集中 5 个纵队及炮兵纵队主力共约 25 万人，从 1948 年 9 月 12 日至 11 月 2 日，在锦州、沈阳地区进行了辽沈战役。9 月 12 日开始，解放军主力突袭北宁线，10 月 14 日，对锦州发动总攻，经过 31 小时的激战，歼敌 10 万余人，俘获东北"剿总"副总司令范汉杰，取得战役的决定性胜利。锦州被攻克，东北敌军如瓮中之鳖，长春守敌惊恐万状。10 月 19 日，东北"剿总"副总司令郑洞国迫于形势，率部投降，长春宣告和平解放。攻占锦州后，解放军立刻挥师北上，从 10 月 20 日至 28 日，在大虎山、黑山地区一举全歼由沈阳赶来增援的廖耀湘兵团 10 万人，并俘获廖耀湘。从 10 月 29 日开始，解放军向沈阳、营口进军，到 11 月 2 日占领沈阳、营口。至此，辽沈战役结束。11 月 9 日，锦西、葫芦岛的国民党军队随杜聿明从上海逃跑。东北全境解放。整个辽沈战役历时 52 天，歼敌 47 万人。东北的解放，使解放军在战略上获得了巩固的后方，为平津和华北解放奠定了基础。

淮海战役从 1948 年 11 月 6 日到 1949 年 1 月 10 日，以徐州为中心，在东起海州、西至商丘、北起临城、南达淮河的广大地区进行。中央决定由刘伯承、邓小平、陈毅、粟裕、谭震林组成总前委，率领华东野战军和中原野战军进行此次战役。党中央制定了集中优势兵力、中间突破、分割歼敌的作战方针。11 月 6 日到 22 日，是淮海战役的第一阶段，华东野战军在中原野战军配合下，集中兵力在徐州碾庄圩地区歼灭黄百韬兵团约 10 万人，击毙了黄百韬，并阻击了徐州守敌邱清泉、李弥两兵团南北两路的增援，完成了中间突破，切断了敌人海上逃路，完成了对徐州的战略包围。11 月 23 日至 12 月 15 日，是淮海战役的第二阶段。中原野战军在华东野战军配合下，在宿县西南双堆集地区包围并歼敌黄维兵团 12 万人，俘虏兵团司令黄维，同时在永城地区歼灭孙元良兵团约 4 万人。12 月 16 日至 1949 年 1 月 10 日，是淮海战役的第三阶段。解放军两路大军对杜聿明集团发起总攻，在永城东北陈官庄地区，全歼守敌 25 万人，俘虏徐州"剿总"副总司令杜聿明。淮海战役历时 65 天，歼敌 5 个兵团 55 万余人，基本上解放了长江以北的华东、中原地区，使国民党统治的中心南京、上海、武汉处于解放军直接威胁之下。

在辽沈战役胜利结束、淮海战役正在进行之时，华北敌军已成惊弓之鸟，被解放军分割于塘沽、天津、北平、新保安、张家口一条线上，处于举棋不定的困境之中。根据中共中央的作战方针，首先要稳定平津傅作义集团，不使其逃跑，另一方面，东北野战军要提前入关，出其不意地分割包围天津、塘沽、唐山的国民党军队，断其逃路。中央军委组织了平津战役，战役于 1948 年 11 月 29 开始，以罗荣桓、聂荣臻等指挥的华北军区第二、第三兵团和东北野战军为主力。12 月 21 日，东北、华北野战军完成对平、津、塘国民党军队的战略包围和战役分割，切断了敌人海上南逃的道路，为各个歼灭敌人创造了有利条件。12 月 21 日，人民解放军按照中央军委先打两头、后取中间的原则，首先攻克了新保安、张家口，围歼了傅作义部的一部分主力。1949 年 1 月 14 日对天津发起总攻，15 日全歼国民党守军 13 万余人，俘天津警备司令陈长捷，解放华北第二大城市天津。天津解放后，孤守北平的傅作义部 25 万人已完全陷入绝境。党中央力争和平解决，经过谈判，北平守敌在傅作义率领下放下武器，接受和平改编。1月31日，北平宣告解放，平津战役胜利结束。这次战役历时64天，共歼灭和改编国民党军队52万余人，基本上解放华北全境。

辽沈、淮海、平津三大战役，从1948年9月12日开始到1949年1月31日结束，共历时142天，共歼灭国民党正规军144个师、非正规军29个师，合计154万余人。国民党精锐部队基本上被歼灭，从而加速了整个解放战争胜利的进程。

三大战役的胜利，集中体现了毛泽东高超的军事指挥艺术和灵活机动的战略战术，是毛泽东军事思想的运用和发展，是毛泽东军事战略思想的伟大胜利。三大战役中，人民解放军在新式整军的基础上开展有效的政治思想工作，发扬军事、政治、经济三大民主，开展立功运动和形势政策教育。三大战役的胜利，是全党、全军、全国人民共同奋斗的结果。在交通运输条件十分落后的情况下，人民解放军主要依靠人力和相当落后的工具，用肩挑、车推、驴驮、船运等方法，运送千里之外的粮食、弹药等军需物资到前线，将伤病员送往后方医治，战役的胜利确实"是人民群众用小车推出来的"。三大战役的胜利，引起了世界的轰动，也奠定了人民解放战争在全国胜利的基础。

2. 夺取全国胜利

三大战役的胜利，使蒋介石反动统治集团面临覆灭的绝境。美蒋反动派为了挽回败局，发动了一场"和平攻势"。他们企图利用和平谈判的手段，策划"划江而治"，以便争取时间，卷土重来。

1949 年元旦，蒋介石发表《新年文告》，表示愿意与共产党商讨"停止战事，恢复和平的具体办法"，愿意与共产党和谈，但又提出要保存伪宪法、伪法统和军队等条件，显露了他求和声明的虚伪性。在这种情况下，是将革命进行到底，还是使革命半途而废？毛泽东于 1948 年 12 月 30 日发表了《将革命进行到底》的新年献词，明确提出"将革命进行到底"的伟大号召。1949 年 1 月 6 日至 8 日，中共中央政治局举行会议，毛泽东重申"必须将革命进行到底，而不许半途而废"的坚定立场。1 月 14 日，毛泽东发表《关于时局的声明》，揭露了蒋介石的"和谈"阴谋，指出蒋介石的"和平"建议是虚伪的，他提出的和谈条件是继续战争的条件，并提出以彻底消灭反动势力为基础的八项和谈条件。蒋介石为摆脱困境，于 1 月 21 日宣布"隐退"，由"副总统"李宗仁代理其"总统"职务。李宗仁同意以中共提出的八项条件为基础进行谈判。4 月 1 日，中共代表周恩来、林伯渠、叶剑英、李维汉与南京政府代表张治中、邵力子、黄绍弦、章士钊、李蒸在北平谈判。4 月 15 日，中共代表团将《国内和平协定》（最后修正案）提交南京政府代表团。20 日，南京政府拒绝签字，谈判宣告破裂。南京国民政府"划江而治"的阴谋终于破产。

国民党拒绝签字后，毛泽东和朱德命令人民解放军"奋勇前进，坚决、彻底、干净、全部地歼灭中国境内一切敢于抵抗的国民党反动派，解放全国人民，保卫中国领土主权的独立和完整"。人民解放军遵照命令，开始了规模空前的大进军。1949 年 4 月 21 日晚，第二、第三野战军的百万雄狮，在西起湖口、东至江阴的千里战线上，强渡长江，彻底摧毁了敌人苦心经营的长江防线。4 月 23 日攻占南京，标志着国民党 22 年反动统治的崩溃。5 月 3 日，解放杭州，进逼上海。5 月 14 日，第四野战军先遣兵团在湖北团风至武穴地段横渡长江，16 日、17 日，占领汉口、武昌和汉阳。渡江战役至此胜利结束。从 4 月起到 5 月初，人民解放军先后解放了太原、大同、安阳、新乡等国民党军队在华北的残余据点，华北地区除绥远西部外全部获得解放。1949 年 9 月底，人民解放军各部解放了除西南滇、黔、川、康、藏及中南的两广以外的全国大陆大部分地区。解放战争赢得胜利，中国新民主主义革命时期也胜利结束。

全国解放战争时期是中国新民主主义革命取得全国性胜利的重要历史阶段。党的正确领导是全国解放战争迅速取得胜利的根本条件。战争初期，毛泽东提出"一切反动派都是纸老虎"的论断，极大地增强了全国人民战胜国民党反动派的信心和勇气。在政治上，中国共产党团结一切可以团结的力量，领导国统区人民掀起人民民主运动，形成反蒋的第二条战线，与民主党派并肩作战。在军事上，制定了一系列正确的方针政策。初期以歼灭敌人有生力量为目标，以运动战为主要作战方法，之后又及时提出战略反攻和战略决战的伟大决策，将革命进行到底。北平和谈失败后，迅速开展渡江战役，推翻了国民党的统治。经济上，开展解放区土地改革运动，取得了极大的成功。这一时期，中共中央在对战争节奏的把握和战争发展趋势的预测、在军事战略方针的提出以及在作战原则和方法的使用上，都显示出对中国革命战争规律的掌握和运用都已高度成熟。

人民群众是解放战争胜利的力量源泉。抗战胜利后，国民党与共产党带给人民两种不同的命运，广大人民从中作出自己的抉择也使国共两党走向了不同的前途。中国共产党带领广大人民开展土地改革运动，发起解放区生产运动，建立反蒋第二条战线，在解放区和国统区都得到广大人民的拥护与信赖。中国人民积极参加革命，以人力、物力、财力大力支援人民解放军作战，同时也积极参加党在国民党统治区开辟的第二条战线的爱国运动，给解放战争的胜利带来强有力的支持。解放军官兵与革命群众不怕牺牲，奋勇抗击敌人，在中国共产党的领导下，以巨大的牺牲迎来新中国的胜利。

加强党的自身建设是全国解放战争取得最终胜利的重要保证。解放战争时期，以毛泽东为核心的中央领导集体，紧密围绕当时党的中心任务和政治路线进行自身建设，开创了党的建设的新境界，特别是在为维护党的集中统一、保持党的优良作风、健全党的制度、保持党的先进性、思想理论建设等方面为全国解放战争的胜利，为党成为全国范围的执政党奠定了重要的政治、思想和组织基础。

从客观方面看，国民党坚持一党专制，发动内战，其倒行逆施和腐败没落，民心尽失，最终只能被人民抛弃，这也促成了中国革命高潮的早日到来，加快了人民解放战争的胜利步伐。

全国解放战争的胜利，是中国共产党领导的人民革命力量共同奋斗的结果，标志着党完成了所肩负的争取民族独立和人民解放的历史使命。同时，毛泽东作为中共中央的领导核心，被公认为中国共产党和中国各民族的伟大领袖，开辟了中国革命新道路，创立了马克思主义中国化第一次历史性飞跃的集中成果即毛泽东思想，并被确立党的指导思想，对于当前乃至今后党的建设，仍然具有极其重要的现实指导意义。

MA LIE ZHU YI CHANG SHI GONG MIN DU BEN

六、新中国成立

（一）七届二中全会召开

经过充分的准备，中国共产党于 1949 年 3 月 5 日至 13 日在河北平山县西柏坡召开了七届二中全会。出席此次会议的有中央委员 34 人，候补中央委员 19 人，列席代表 11 人，主席团由毛泽东、刘少奇、朱德、任弼时组成。全会集中讨论了毛泽东提出的夺取全国胜利和由民主革命向社会主义革命转变的任务、方针和政策的报告。

全会首先讨论了工作重心的战略转移问题，即工作重心由乡村转入城市。毛泽东根据革命形势的发展及时提出了党的工作重心转移问题。毛泽东在报告中指出："从1927年到现在，我们工作重点是在乡村，在乡村聚集力量，用乡村包围城市，然后取得城市，采取这样一种工作方式的时期现在已经完结。从现在起，开始了由城市到乡村并由城市领导乡村的时期。党的工作重心转移到了城市。"党必须全心全意依靠工人阶级，团结其他劳动群众，争取知识分子，争取一切可以同共产党合作的人，去战胜敌人进行建设事业。党还要学习管理城市和建设城市，将恢复和发展城市中的生产作为中心任务。

全会充分研究了经济政策问题。毛泽东指出，全国工农业总产值中，现代工业约占10%，农业和手工业占90%，这是最基本的国情。毛泽东认为："这是帝国主义制度压迫中国的结果，这是旧中国半殖民地和半封建社会性质在经济上的表现，这也是中国革命时期内在革命胜利以后一个相当长时期一切问题的基本出发点。从这一点出发，产生了我党一系列的战略上、策略上和政策上的问题。"今后要发展社会主义经济，对于私人资本主义必须采取利用和限制的政策，对于占总产值90%的分散个体农业和手工业必须谨慎地、逐步地而又积极地引导它们通过合作社的形式，向着现代化和集体化的方向发展，逐步地实现社会主义工业化。这是毛泽东长期以来深刻分析中国国情，坚持以对中国社会及经济状况的科学分析作为党在相当长历史时期内一切问题的出发点而作出的重要论断，它生动地体现了毛泽东思想中"实事求是，一切从实际出发"的活的灵魂。

全会指出，革命在全国胜利并解决了土地问题以后，中国还存在着两种基本矛盾，即国内是工人阶级和资产阶级的矛盾，国外是中国和帝国主义国家的矛盾。因此，工人阶级领导的国家政权不但不可以削弱，而且必须强化。

全会强调，应该加强党的思想建设，防止资产阶级思想侵蚀党的队伍。提醒全党要防止骄傲自满情绪，警惕资产阶级"糖衣炮弹"的进攻，坚持不断革命。毛泽东估计到革命胜利后阶级斗争的新形势，向全党强调，务必继续保持谦虚、谨慎、不骄、不躁的作风，务必继续保持艰苦奋斗的作风。

党的七届二中全会，是在中国新民主主义革命即将取得全国性胜利的历史转折关头召开的一次重要会议，为党的工作重心从农村转向城市，从战争转向生产建设，将中国由农业国转变为工业国，由新民主主义社会逐渐转变为社会主义社会，作了政治、思想、理论和方针政策等多方面的充分准备，描绘了建设新中国的宏伟蓝图，使全党在新的形势下达到高度的团结统一，具有划时代的重大意义。

（二）筹建新中国

中国革命战争取得胜利，召集新政治协商会议和成立民主联合政府的一切条件都已成熟，中国共产党为召开新政协作了充分的组织筹备工作。

从 1948 年 8 月开始，代表各民主党派和各阶层的民主人士，从全国各地以及海外陆续来到解放区。同年 11 月 25 日，中共中央的代表同从国民党统治区和香港到达哈尔滨的民主人士，就成立新政协筹备会及新政协的性质、任务等问题取得共识。1948 年秋至 1949 年上半年，在中国共产党的领导下，各人民团体纷纷建立和扩大起来。这期间，全国第六次劳动大会、中华全国总工会、中华全国学生第十四届代表大会、全国妇女代表大会第一次会议、新民主主义青年团第一届全国代表大会、全国青年代表大会第一次会议、中国文学艺术工作者第一次代表大会等会议纷纷召开，分别成立了全国性组织的筹备委员会。这些群众团体的组成和全国会议的召开，巩固和扩大了全国人民民主统一战线，为新的政治协商会议作了重要的组织准备。1949 年 6 月 15 日至 19 日，新政协筹备会在北平召开第一次会议，成立筹备会常务委员会，为召开新政协及建立民主联合政府作最后的准备工作。

在新中国成立前夕，如何建国、建立一个什么性质的国家、这个国家中各个阶级的地位和相关关系以及国家的根本前途问题都有待确定。1949 年 6 月 30 日，毛泽东发表《论人民民主专政》一文，总结了中国近百年的革命和历史经验，阐明了我国建立人民民主专政国家的历史必然性，提出了人民民主专政这一科学概念。毛泽东指出，人民民主专政需要工人阶级的领导，工人阶级的领导是革命成败的关键。人民民主专政的基础是工人阶级、农民阶级和城市小资产阶级的联盟，主要是工人和农民的联盟，而民族资产阶级同样有很大的重要性，但是它不应当在国家政权中占主要地位。毛泽东还阐明了在人民内部实行民主和对反动派实行专政的关系。毛泽东指出，"稳步地由农业国进到工业国，由新民主主义社会进到社会主义社会和共产主义社会，消灭阶级和实现大同"，这是中国社会前进的方向。同时指出人民民主专政的国家必须站在反帝国主义的战线一边，必须联合世界上平等待我之民族和各国人民，共同奋斗。毛泽东发表的《论人民民主专政》奠定了我国人民民主专政的理论和政策基础，为建立新中国以及新中国成立后的内外政策作了重要的思想理论准备。1949 年 9 月 17 日，新政协筹备会召开第二次全体会议，基本通过由各小组分头起草的政治组织法草案、共同纲领草案、政府组织法草案等。会议一致通过将新政治协商会议改为中国人民政治协商会议。

9 月 21 日至 30 日，中国人民政治协商会议在北平开幕。参加这次会议的有各民主党派、各人民团体、各民主阶级、各民族的代表共 662 人。毛泽东致开幕词，周恩来作政协共同纲领草案起草经过的报告。会议通过了《中国人民政治协商会议共同纲领》《中国人民政治协商会议组织法》《中华人民共和国中央人民政府组织法》这三个为新中国奠基的历史性文件。会议还通过了关于国旗、国歌、国都、纪年等项决议，会议选举毛泽东为中央人民政府主席，朱德、刘少奇、宋庆龄、李济深、张澜、高岗为副主席，周恩来等 56 人为委员，会议最后选举了以毛泽东为主席的由 180 人组成的中国人民政治协商会议第一届全国委员会。中国人民政治协商会议在当时还不具备召开普选的全国人民代表大会的条件下，肩负起代行全国人民代表大会职权的重任，完成了建立新中国的历史使命，揭开了新中国历史的第一页。

（三）新中国诞生

　　1949 年 10 月 1 日是新中国诞生的日子。中央人民政府委员会举行第一次会议，一致决议，宣布中华人民共和国和中央人民政府成立，接受《中国人民政治协商会议共同纲领》为中央人民政府的施政方针，在天安门广场隆重举行开国大典。毛泽东主席庄严宣告：“中华人民共和国中央人民政府今天成立了！”中华人民共和国的成立，标志着中国新民主主义革命已经取得伟大胜利，标志着中国半殖民地半封建社会彻底结束，中国开始成为一个新民主主义国家，从此，中国历史进入了一个崭新的时代。

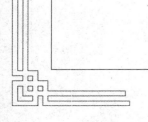

参考文献

[1] 郑德荣：《毛泽东与马克思主义中国化》，东北师范大学出版社，1997 年版。

[2] 李杰：《三代领导核心的强国路》，四川人民出版社，1998 年版。

[3] 郑德荣等：《国情·道路·现代化》，吉林文史出版社，2001 年版。

[4] 《中国共产党历史（第一卷）》，中共党史出版社，2002 年版。

[5] 郑德荣《文存（第一至三卷）》，辽宁人民出版社，2006 年版。

[6] 章传家等：《民族复兴之路的回望与思考》，人民出版社，2009 年版。

[7] 金民卿：《理论——中国化马克思主义的初步形成》，江西高校出版社，2009 年版。

[8] 陈亚联：《道路——中国特色革命道路的开辟》，江西高校出版社，2009 年版。

[9] 龚云：《路线——中国共产党的磨难》，江西高校出版社，2009 年版。

[10] 郑德荣《文存（第四卷）》，吉林人民出版社，2011 年版。

［11］郑德荣等：《中国特色社会主义道路基本问题研究》，人民出版社，2012年版。

［12］王骏飞等：《马克思主义中国化的历史进程简明读本》，四川人民出版社，2012年版。

［13］孔德生：《开天辟地——中共第一代领导集体纵论》，吉林文史出版社，2012年版。

［14］孔德生等：《复兴之路》，吉林人民出版社，2012年版。

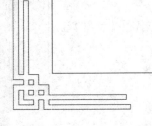